谨此纪念西泠印社建社一百二十年

梁章凯 编著

尚古金石书画丛刊

尚古书屋辑藏

赵古泥印存 下

西泠印社出版社

印石

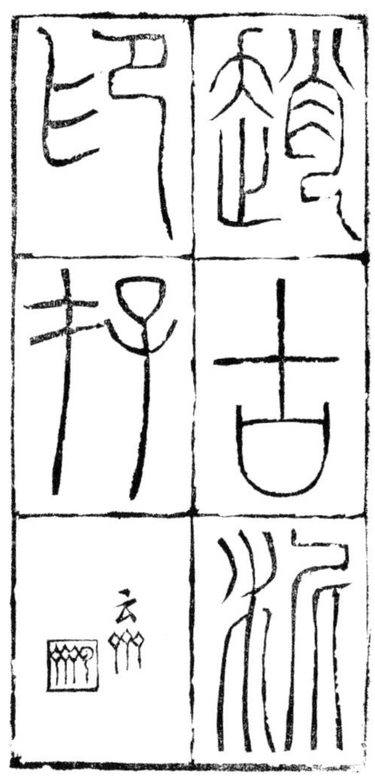

赵古泥印存

云斋

一

怀石秦汉金石文字印

二

读不遍千古书，作不了天下事，识不尽海内人

三

金宗ī印

四

金村遁今

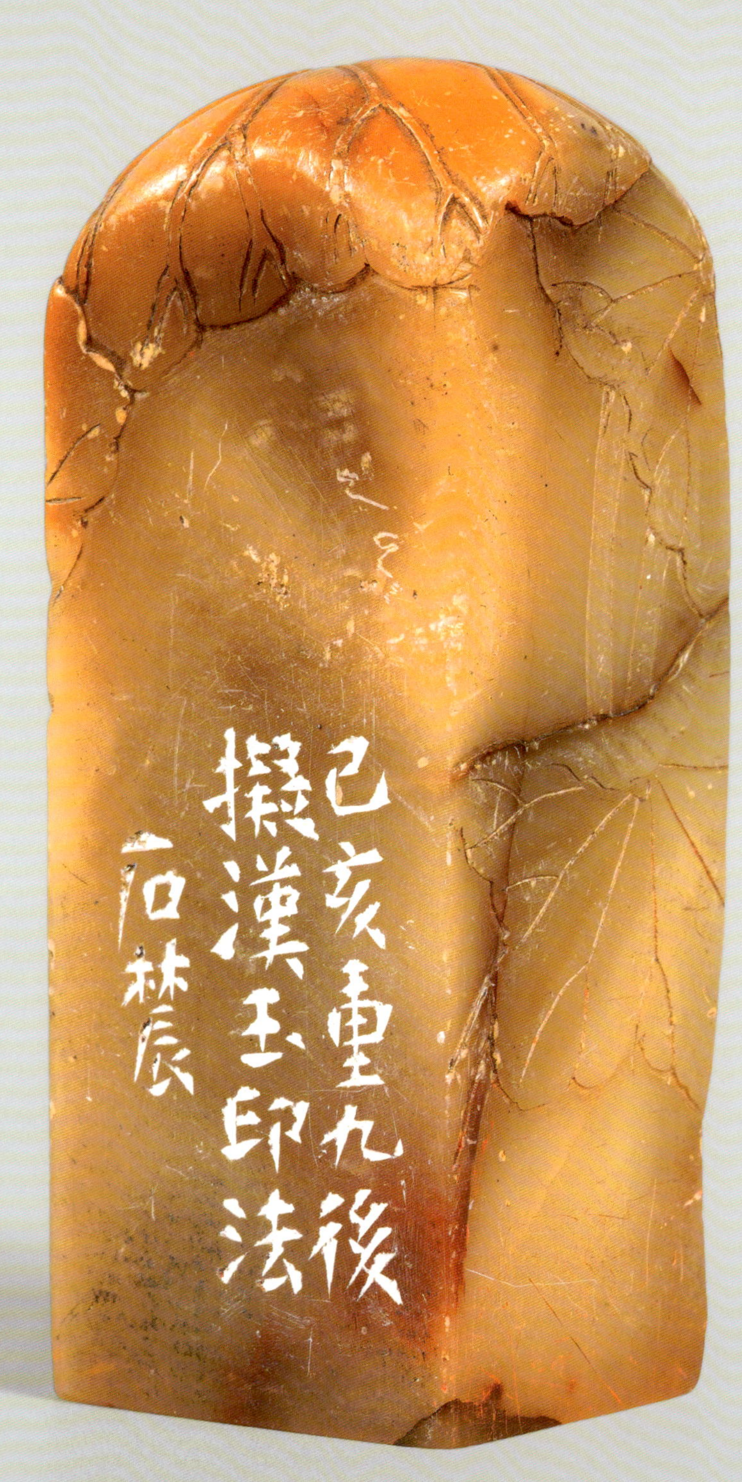
己亥重九後
擬漢玉印法
石林辰

五

石公

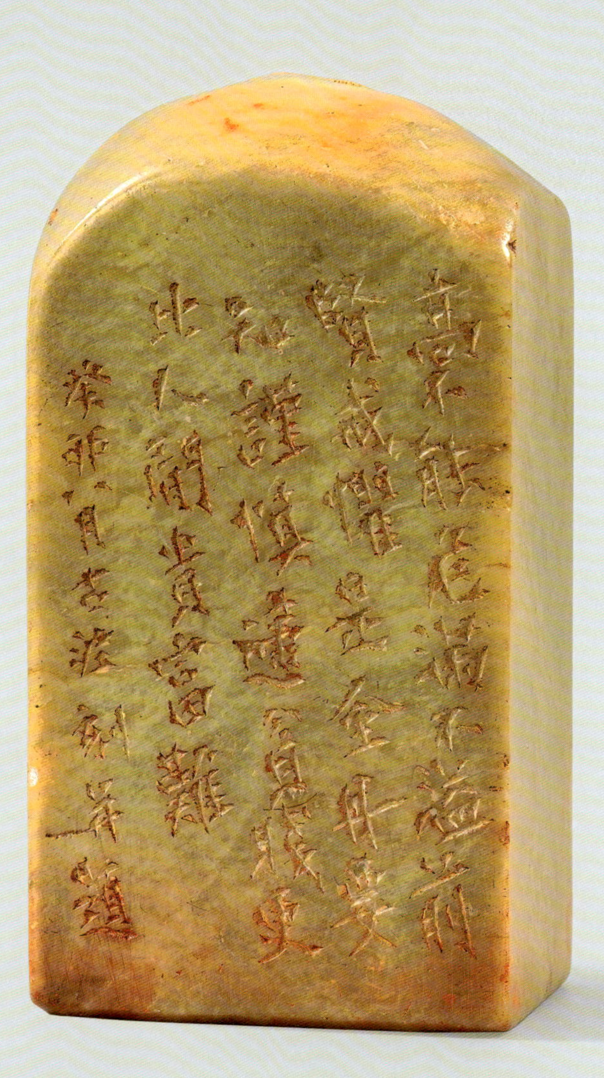

六

富贵如传舍，惟谨慎乃得久居

七

芥弥精舍

庚戌十二月古泥刻

八

沈氏师米斋藏

九

长作田间识字民

一〇

师米斋

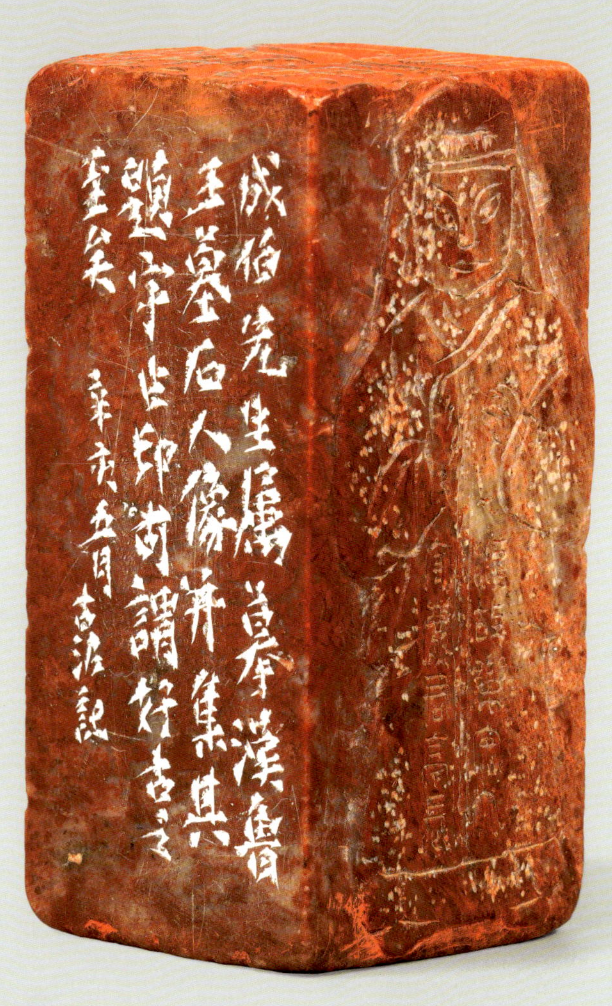
成伯先生屬摹漢魯
王墓石人像并集其
題字成印可謂好古之
至矣
辛亥五月古泥記

一一

府门之卒　乐安太守

一三

沈成伯鉴赏印

癸丑六月
古泥刻

一三

虞山沈氏师米斋珍藏古物记

一四

沈煦孙收藏书画记

一五

成伯拓器

一六

江流有声断岸千尺

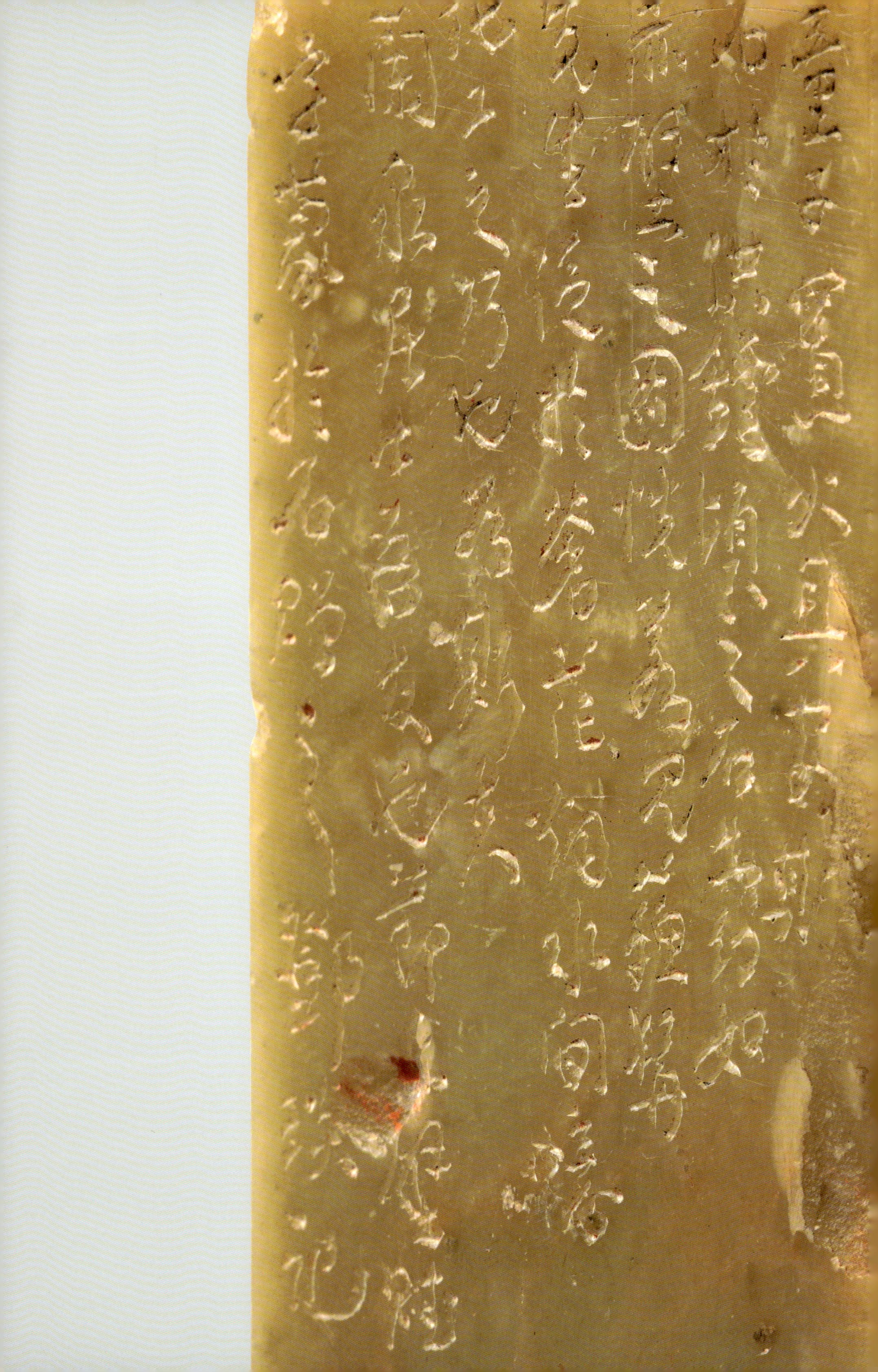

一七

师米斋藏器

一八

沈

一九

海虞沈氏所得

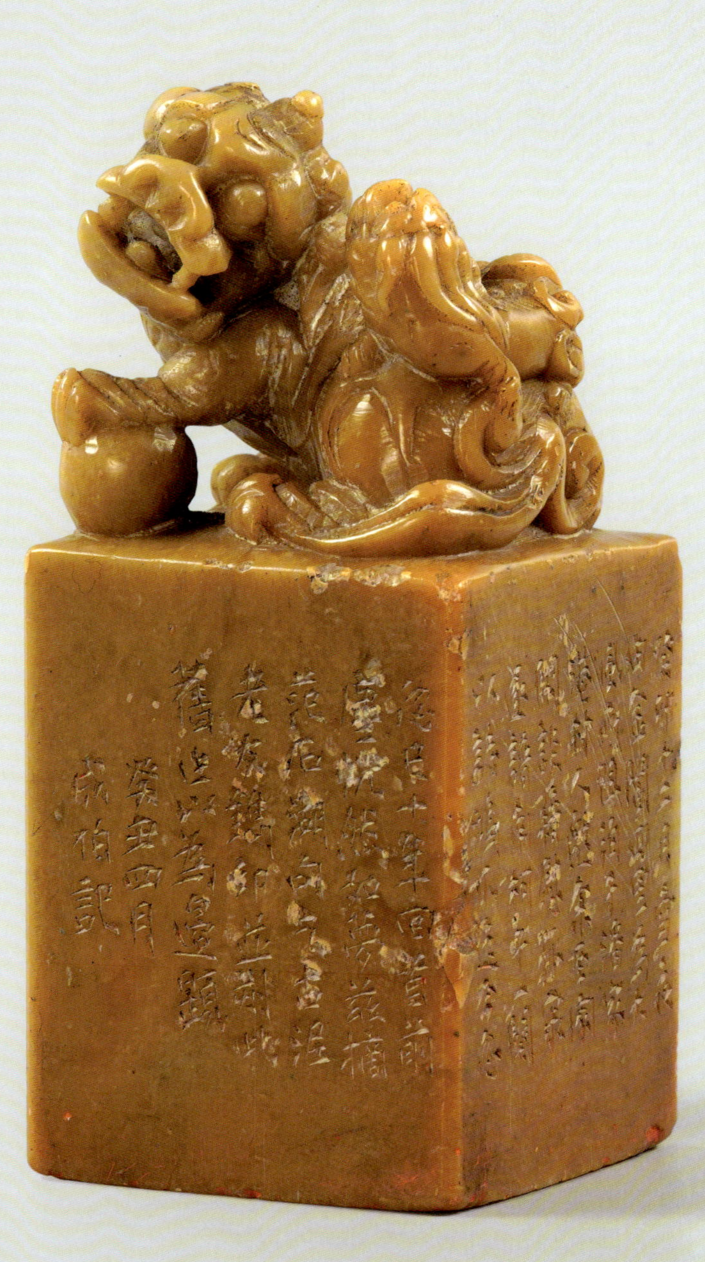

二〇

一枕清风梦绿萝，人间随处是南柯

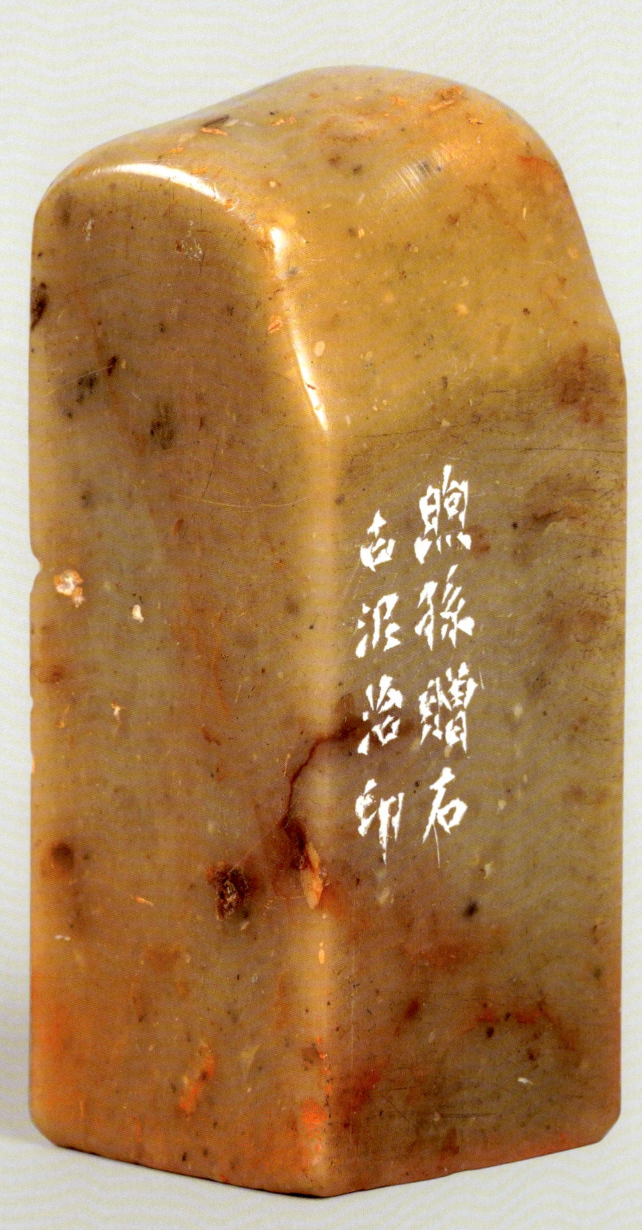
煦孫贈石
古泥治印

二一

癸亥重游泮宫

二三

张兰思印

二三

乙未翰林

二四

双南手校

戊午三月

二五

南陔读画

二六

周左季

二七

臣大辅印

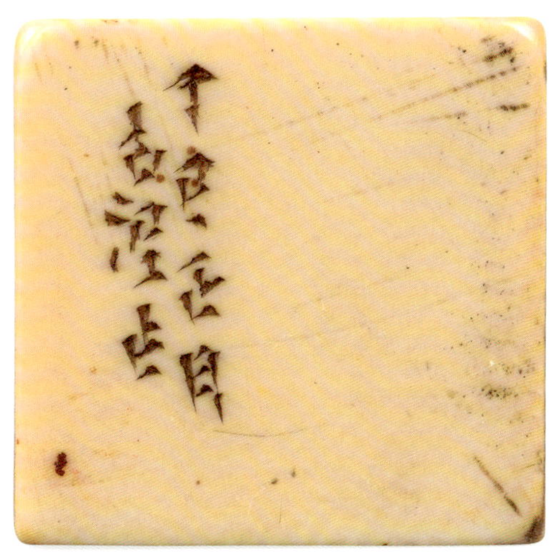

宣统元年正月古泥刻於拜缶庐

二八

虞山周左季收藏印

二九

海虞周大辅假观

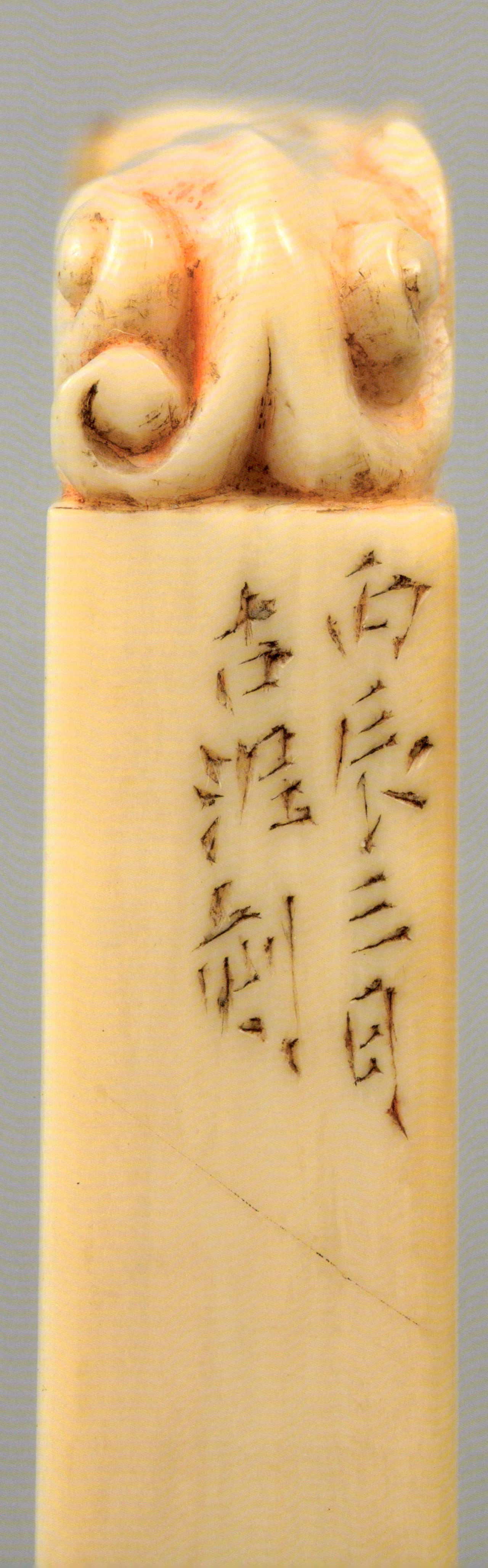
丙辰三月

三〇

周大辅字左季号郄庐

三一

常熟周氏传钞秘书之一

三二

大辅

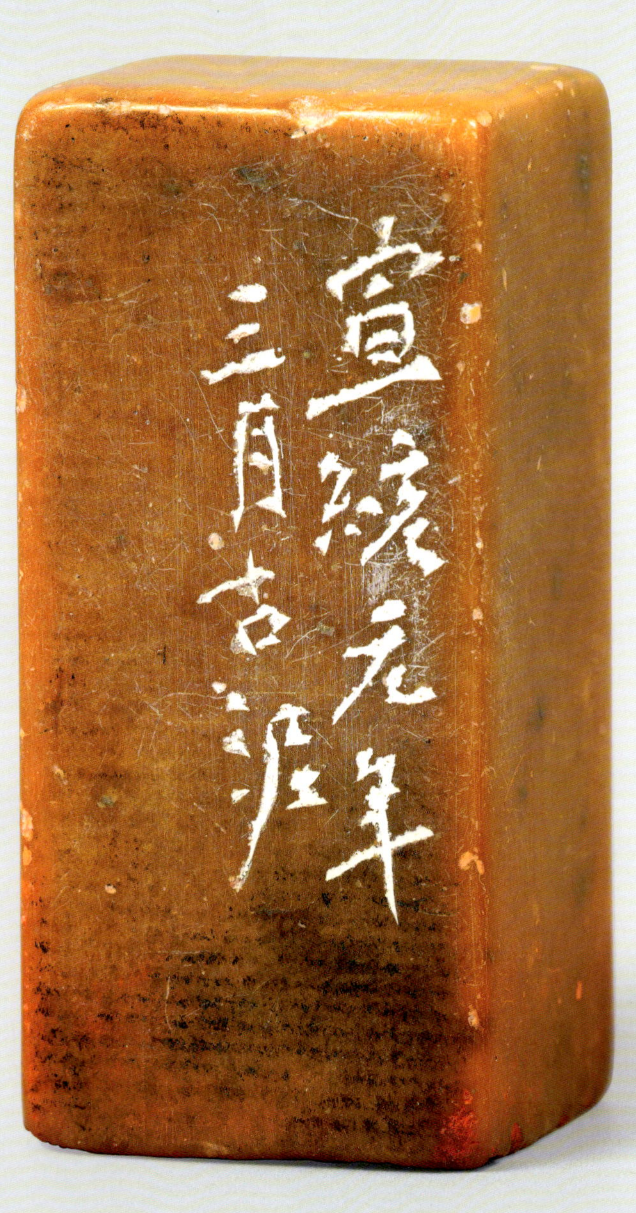
宣統元年

三三

开卷一乐

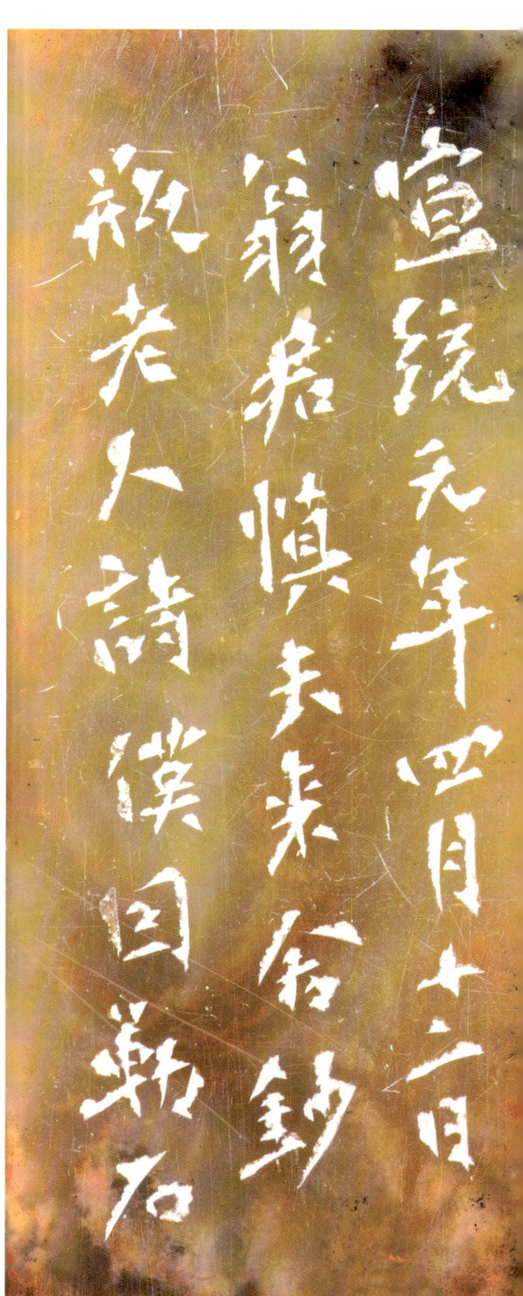
宣統元年四月十二日
翁君慎夫來舍鈔
祝老人請僕因勒石

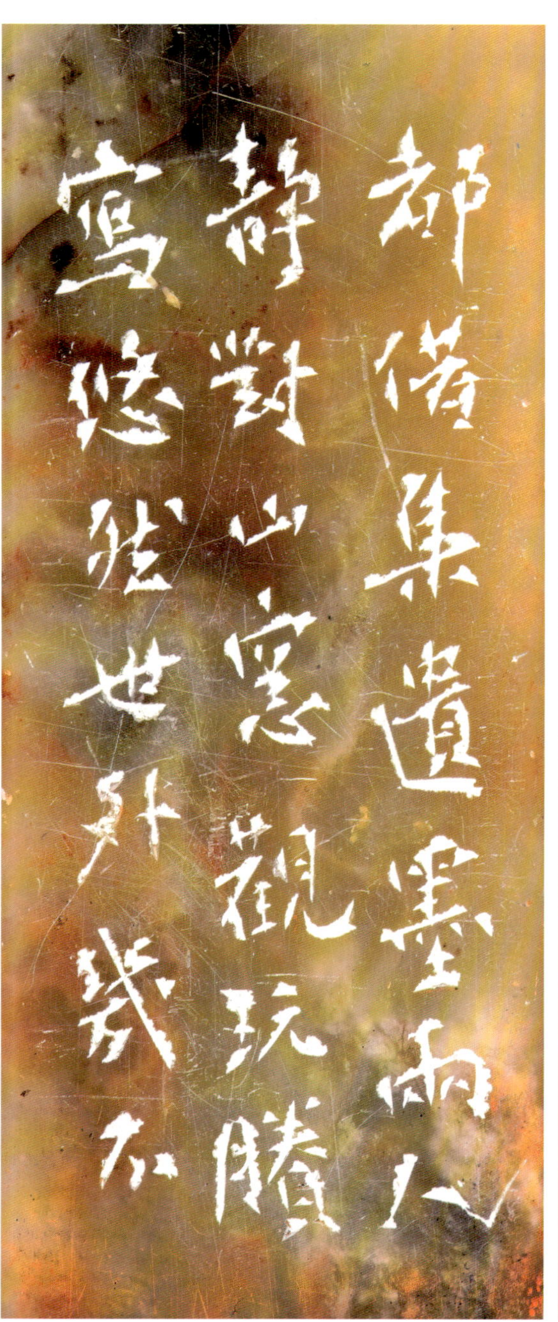
郝僑集遺墨兩八
静對山窗觀玩賸
寫悠然世外幾不

知夏日之長也
古泥

三四

戢瑞楼

三五

（无印面）

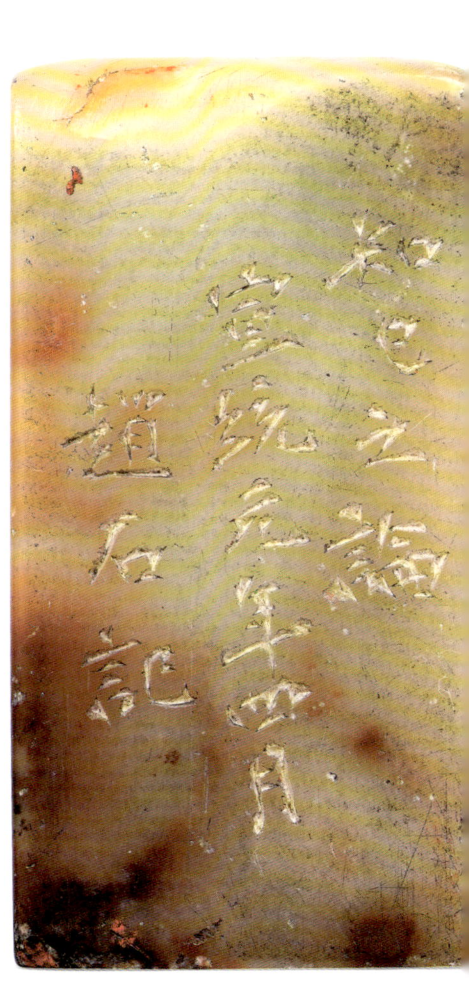

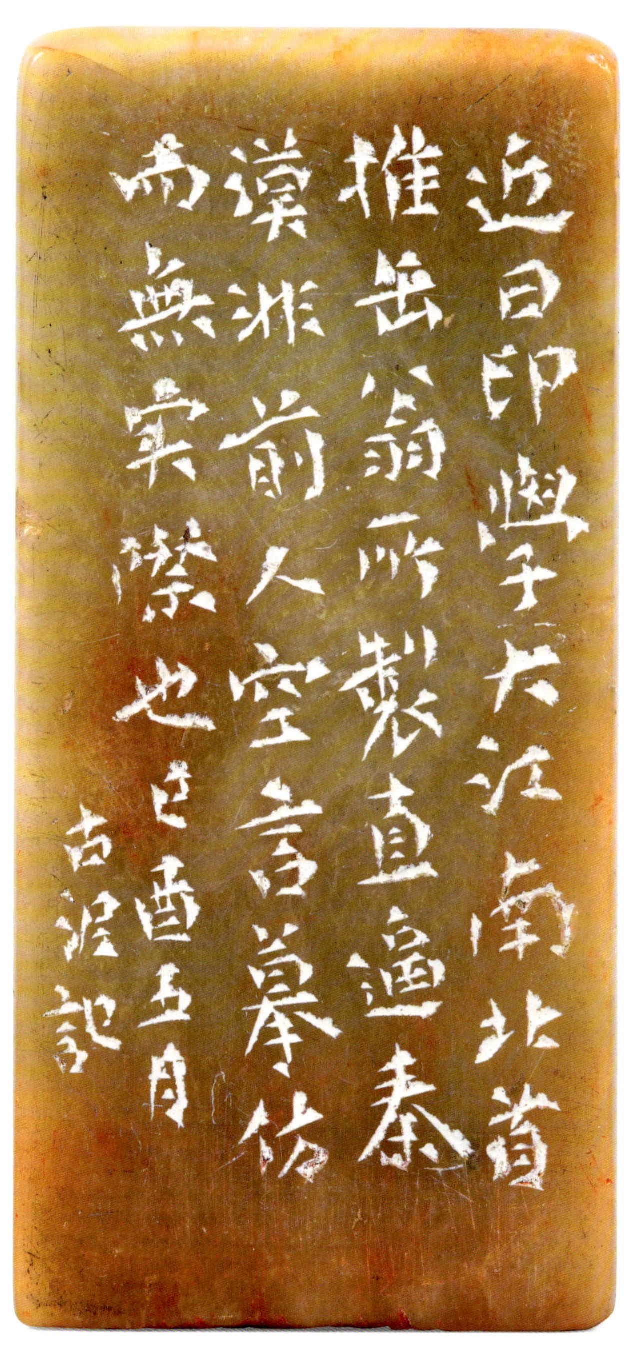
近日印學大江南北首
推缶翁所製直逼秦
漢浙前人空言摹仿
而無實際也乙酉五月
古泥記

三六

剑闲

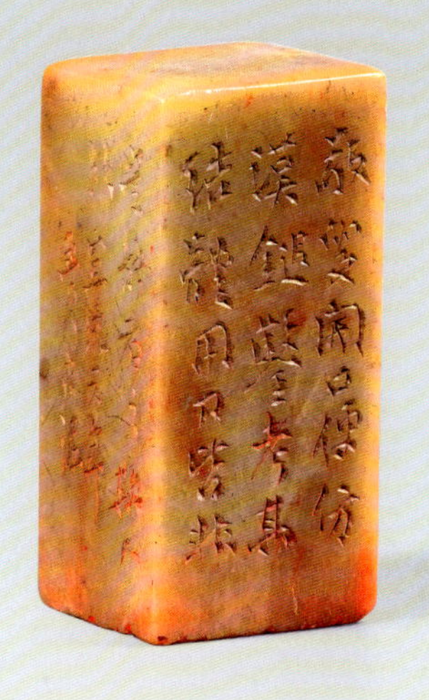

三七

逃禅

蔡愛南口傳仿
漢鑿鑿考其
結體用刀皆然

三八

俞遇之读碑记

壬子十二月
仿漢朱文
古泥

三九

遇之校读

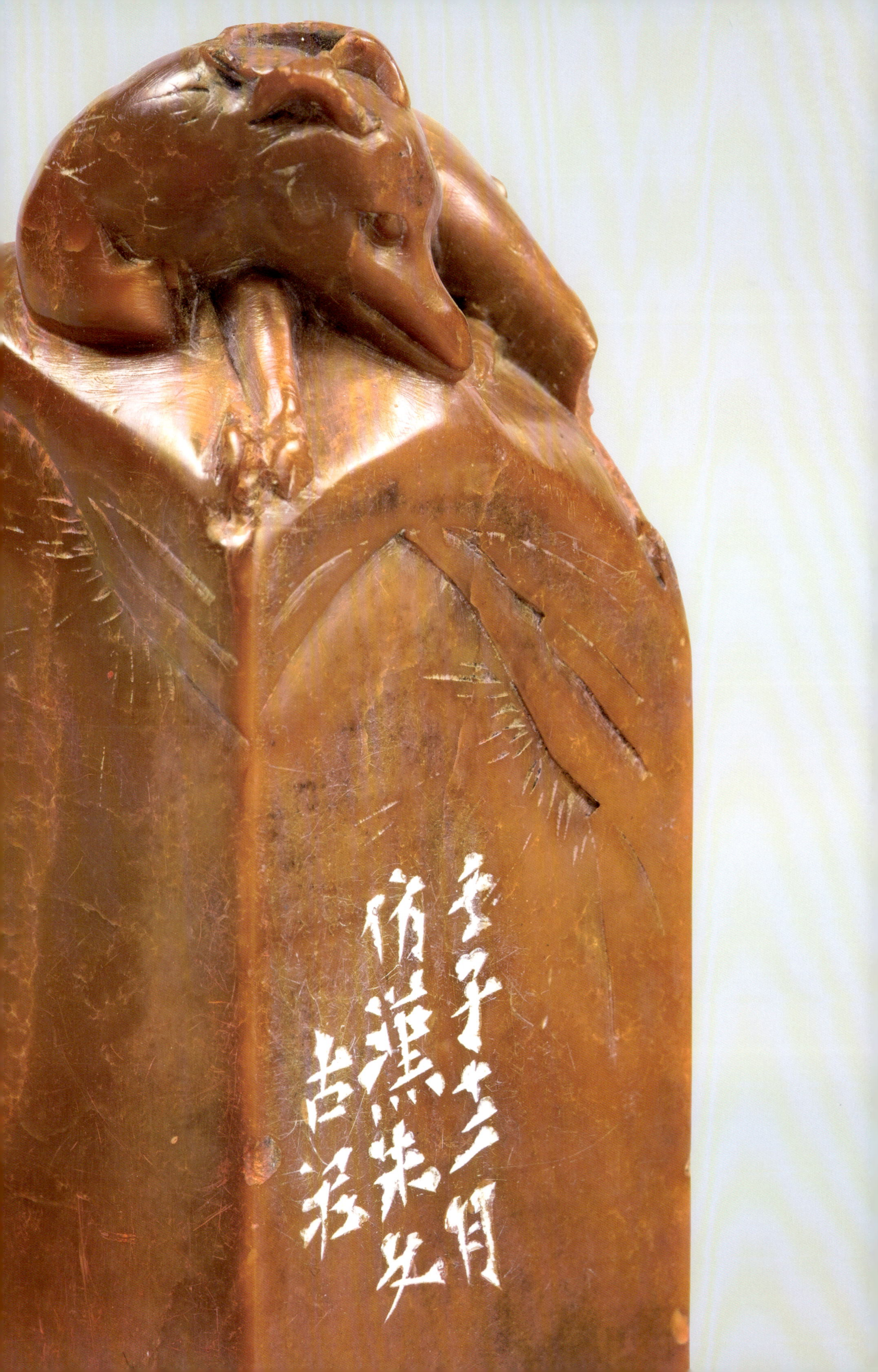
壬子十二月
仿漢朱文
白石

丁巳
十月
古洼

南郭老人

篆印只須工字體
形容剝蝕要天然休
排性命論刀法秦漢
何人有技傳有客

四一

寒蝉

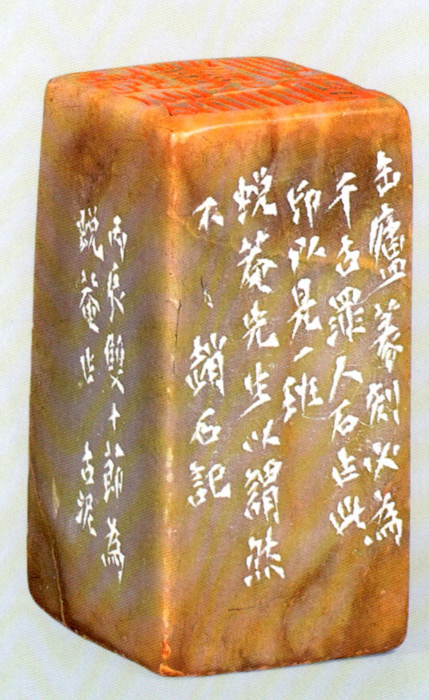
缶廬篆刻以為
千古罪人石與此
印以見一斑
蛻菴先生以謂然
不
鑿石記
丙辰雙十節為
蛻菴先生
缶

四二

劲草庐主　听松庵行者

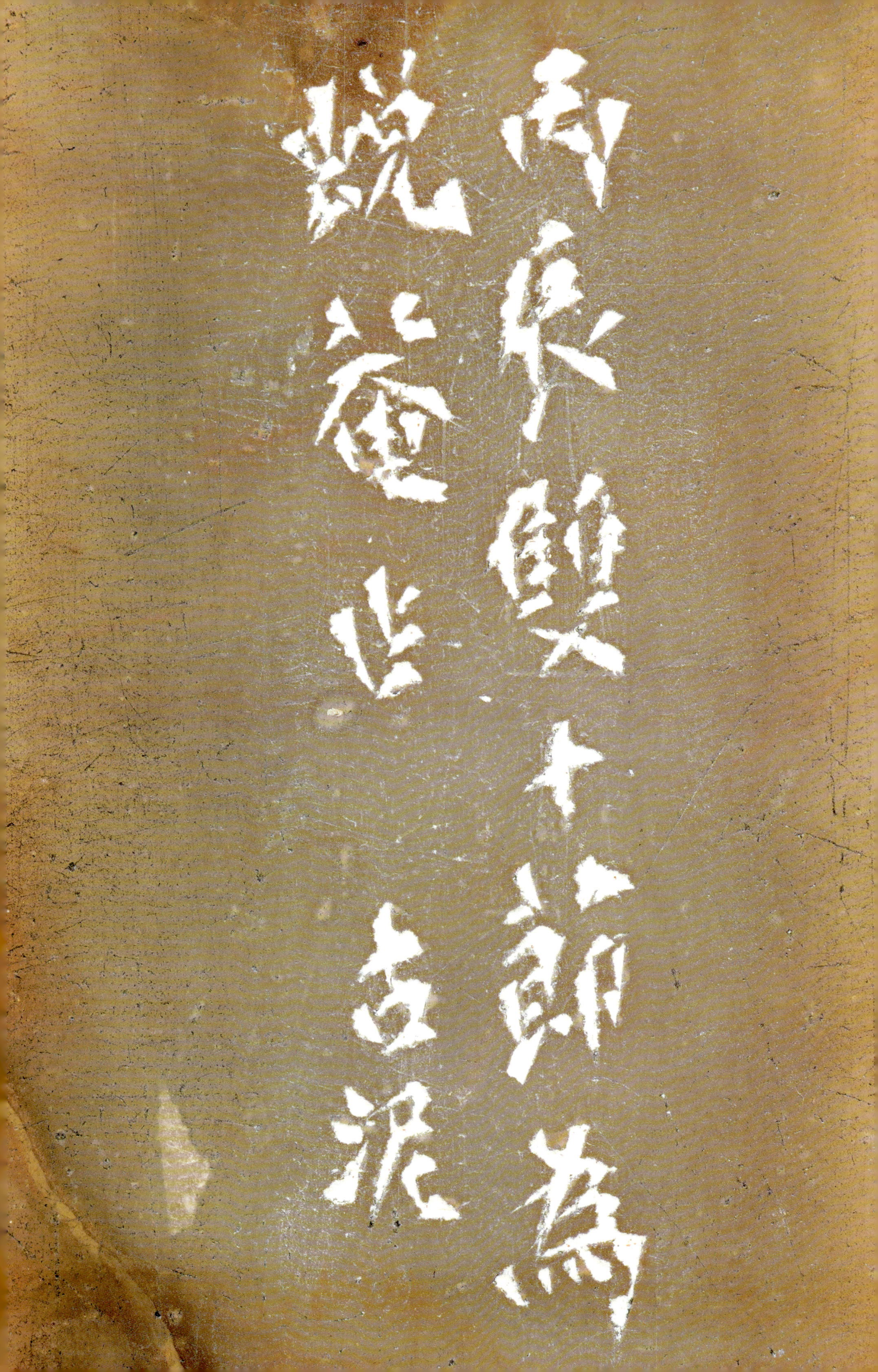
丙辰雙十節為
蛻庵作 古泥

四三

铄迦罗心室

四四

萧蜕奉佛后书

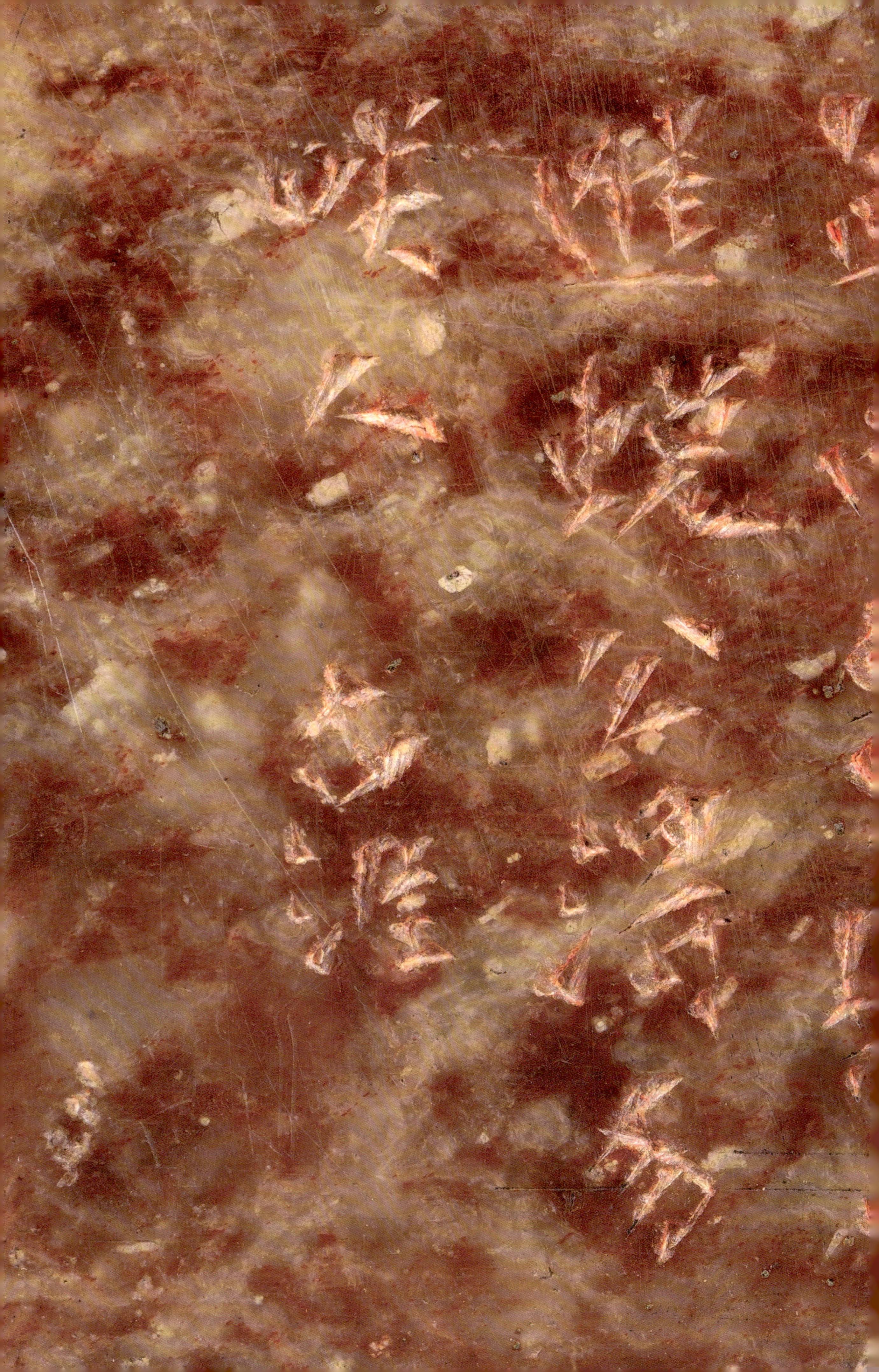

壬子十二月
古泥

四五

虞蟄

四六

瞻太阁

四七

花好月圆人寿

四八

遁盦

壬子
十二月

四九

依书巢

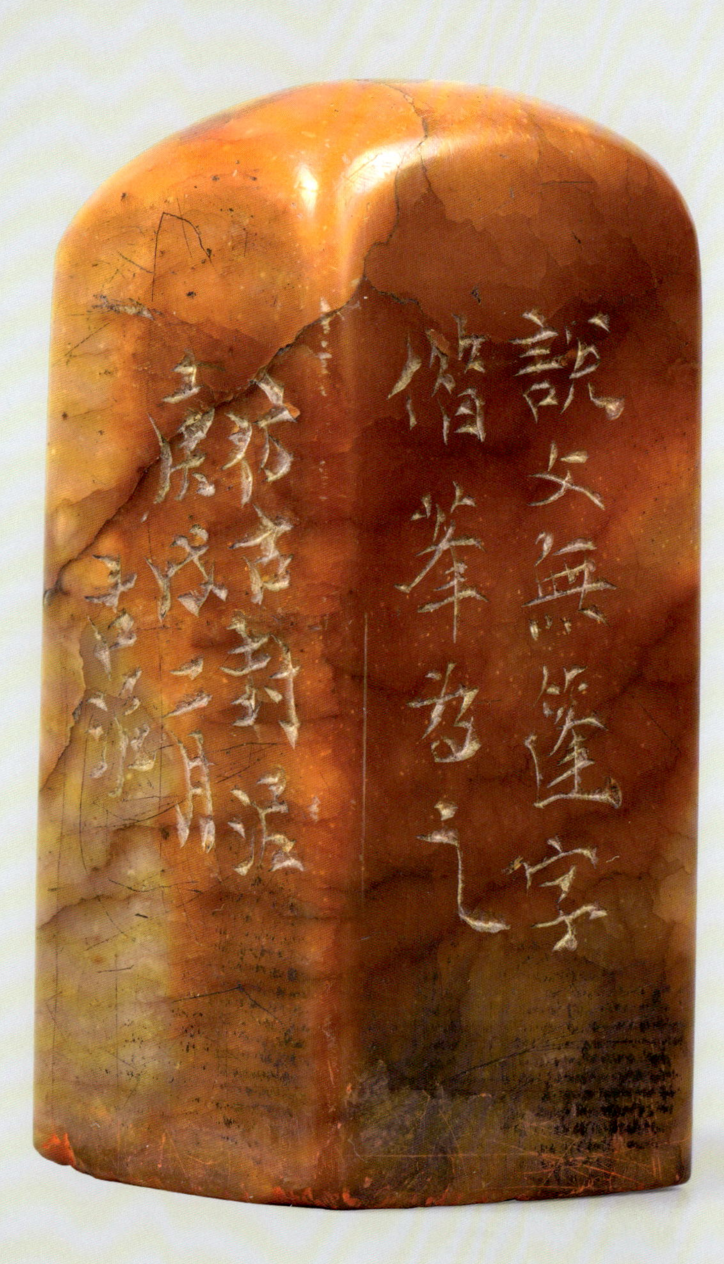
說文無篷字
借峯為之

五〇

看篷坐

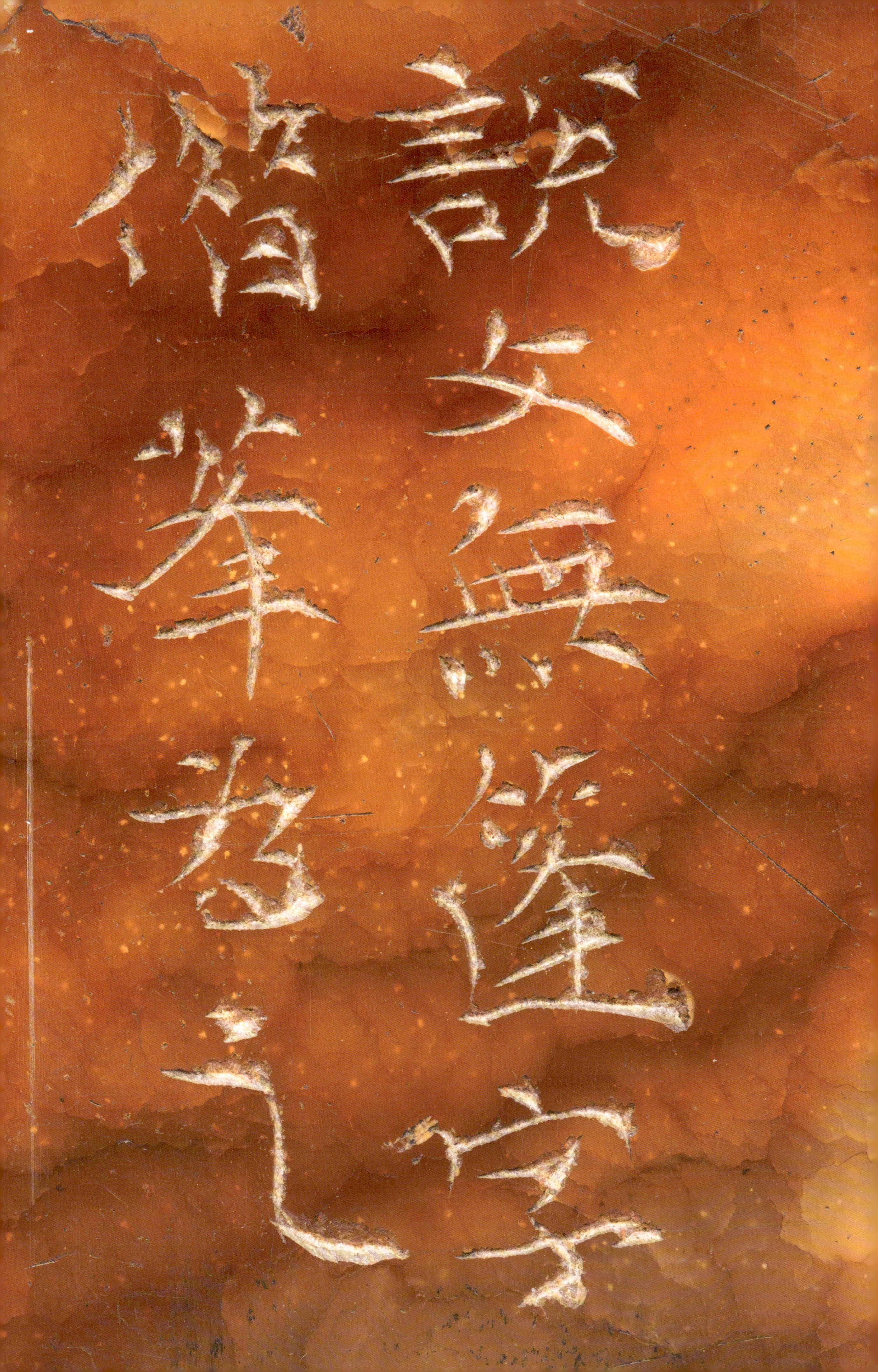
說文無逢字
借峯為之

丁巳六月
香港

五一

石道人

丁巳六月

五二

二俊草堂

五三

虞山丁初我所藏善本

五四

吴郡虞山丁氏

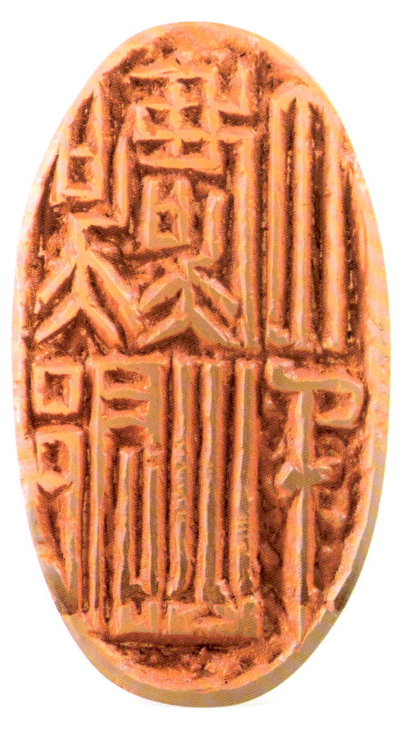

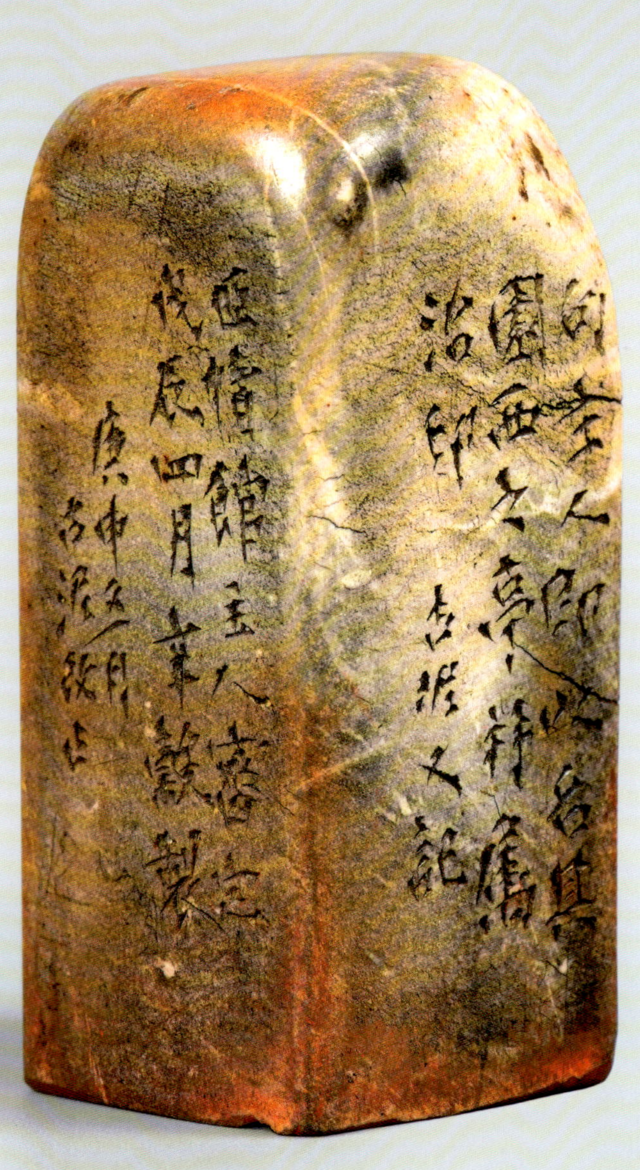

五五

不碍秋亭

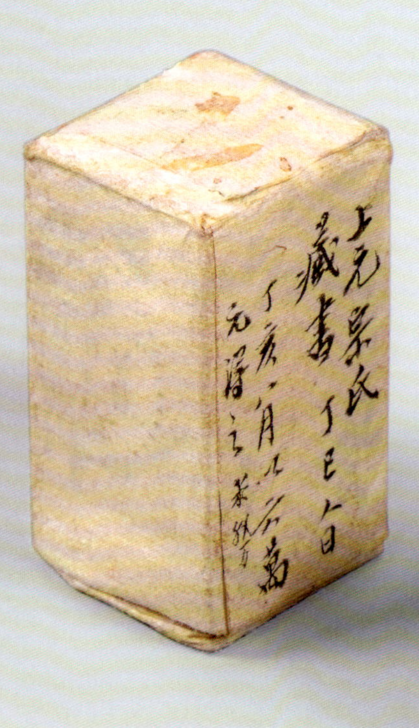

五六

上元宗氏藏书

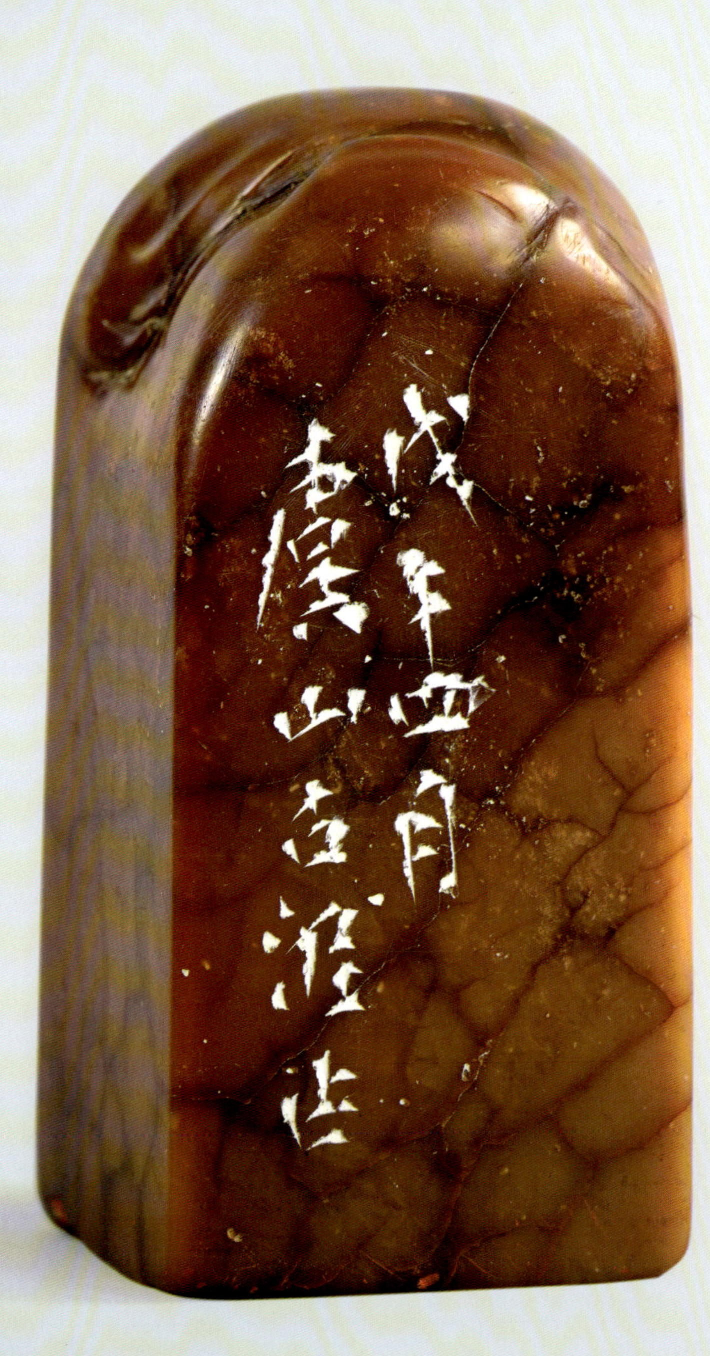

五七

游戏三昧

五八

宝华盦残客

五九

赵宽

六〇

庄绳祖

六一

聋

六二

雨苍

六三

培霖之章

略用古錢印法
古泥

六四

继芗　张震

老學盦金石記
辛酉年

六五

老学盦金石记

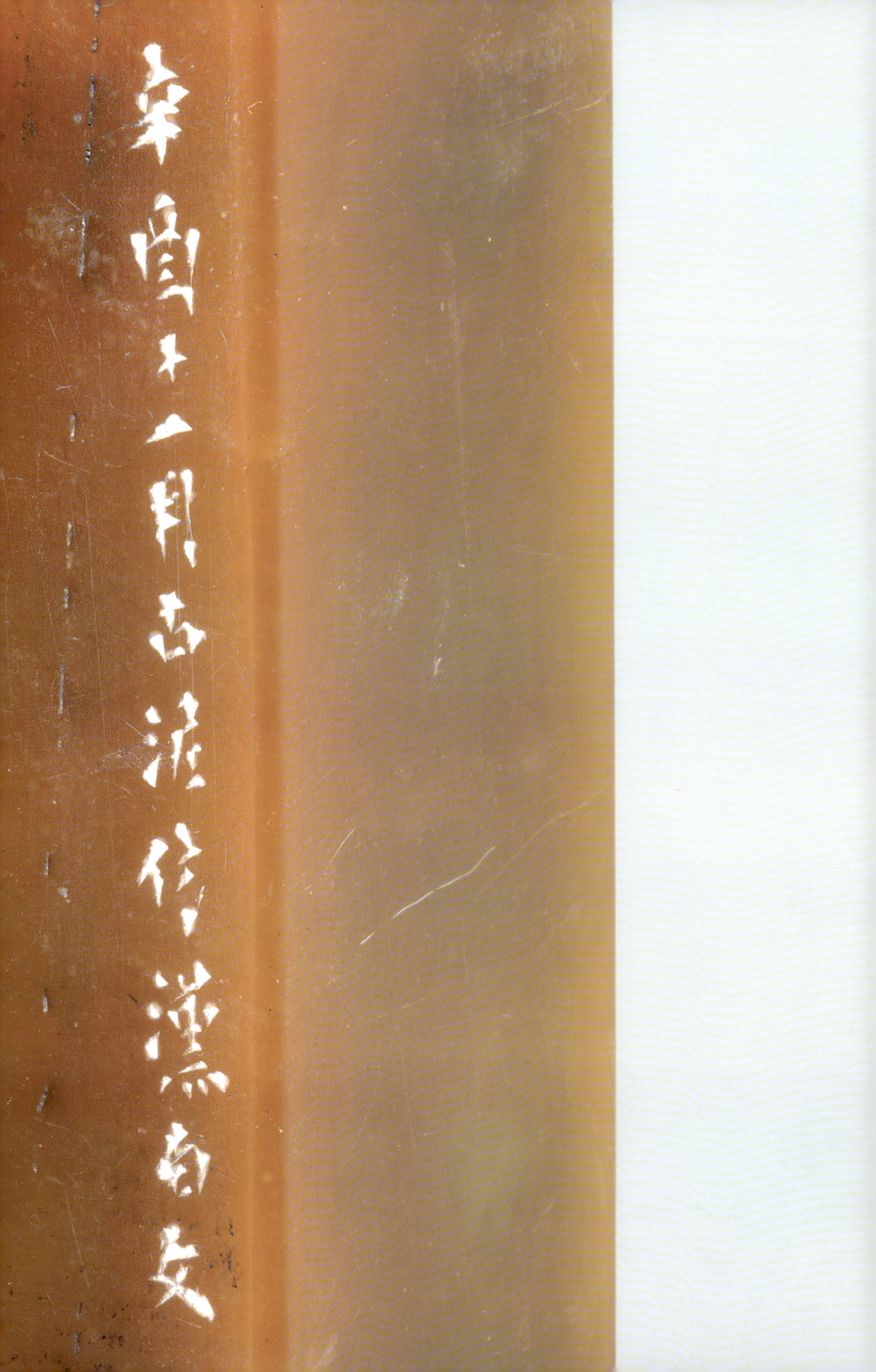

六六

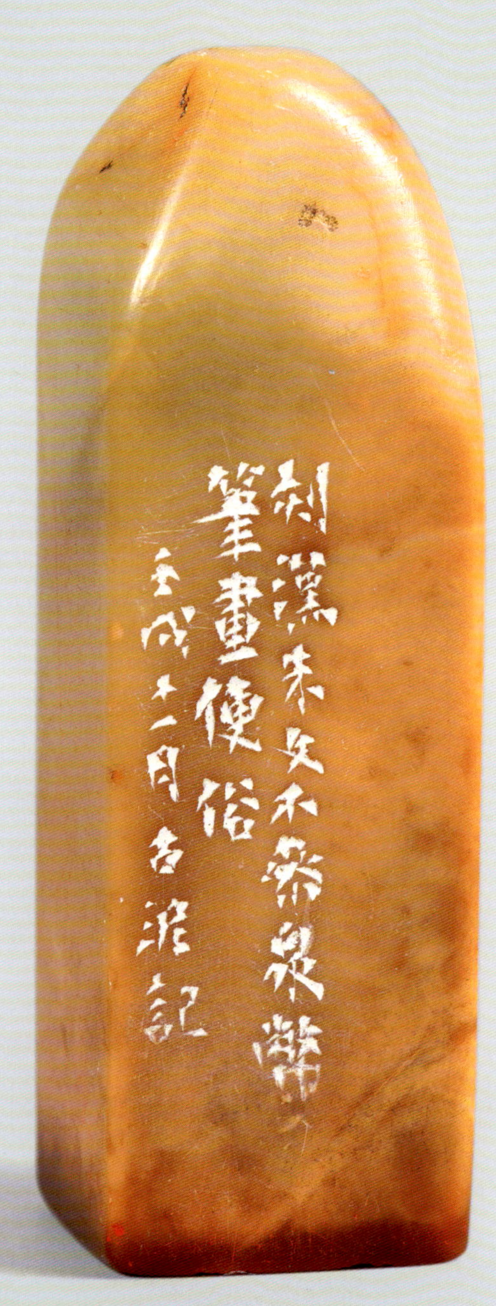
刻漢朱文不參泉幣
筆畫便俗
壬戌十二月古泥記

六七

梅颠阁

六八

吴传常印

癸亥
九月
古泥

六九

净照楼

七〇

沁沅

七一

邹朝濬印

七二

南沙乡民

七三

灵峰旧隐

甲午六月
去非仿漢

七四

尚渔画印

七五

微笑之宝

七六

融五甲子以后所得

七七

季通经眼

壬申夏日古泥作

古泥仿漢

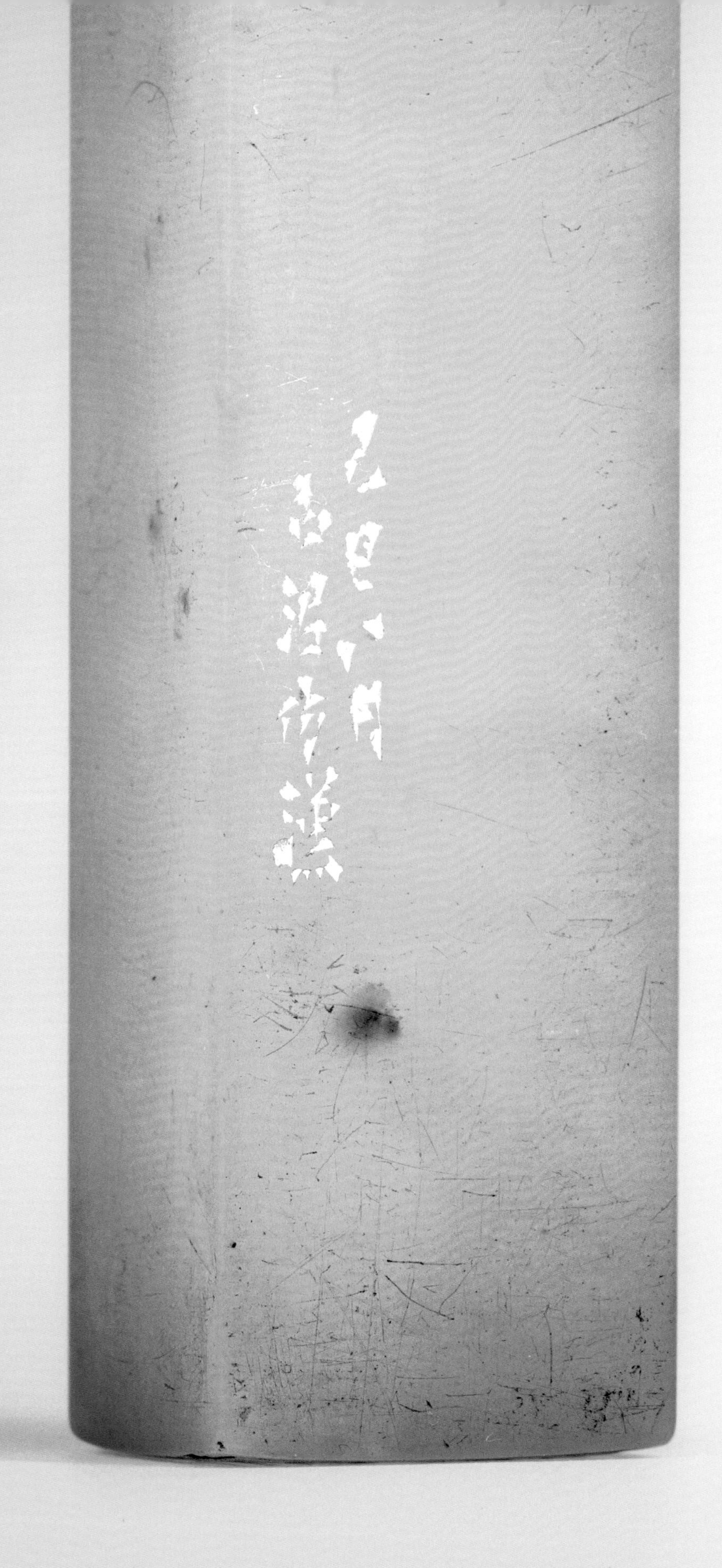
乙巳八月
西泠仿漢

七八

辟疆长寿

七九

辟疆摹古

八〇一

李君芬

八一

海虞曾氏雨苍考藏记

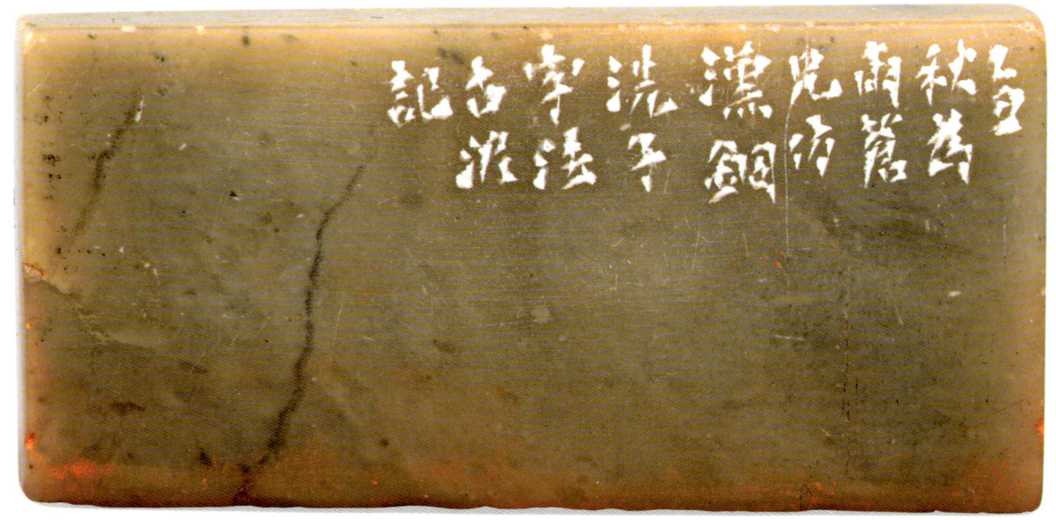

石每字半圆，牙每字六角，铜每字一圆，精玉另议。字极大极小加，润笔先惠，约日取件。壬戌春，古泥自定

石每字银壹两，牙每字银壹两贰钱。字极大极小加倍，润笔先惠，约日取件。丙寅正月，古泥自定

丙寅二月

八三

石嘉淦印

丙寅十月仿
元朱文

八四

武林锺氏夏声珍藏

八五

俊伯七十后书

苏士杰长寿印

吉泥仿漢
後伯
先生
屬
吉泥

八七

赵石　古泥

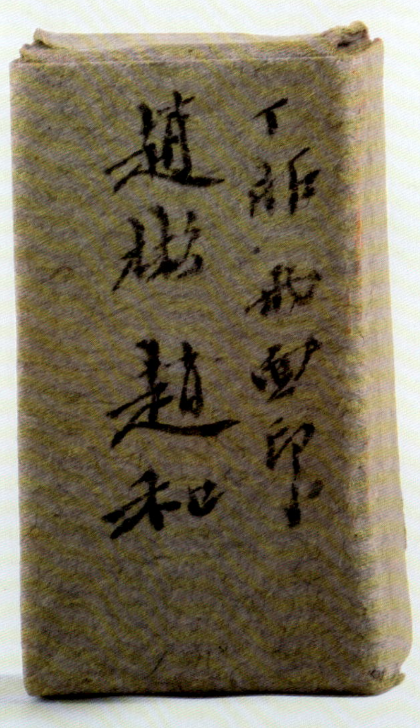

八八

赵彬 赵禾

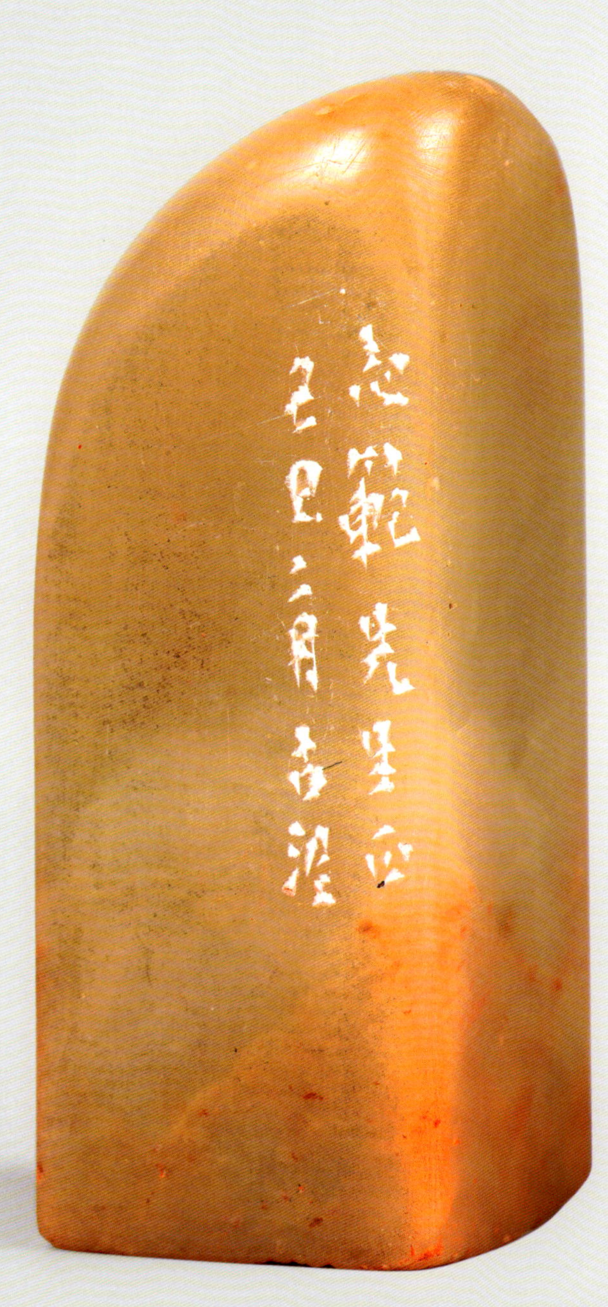
志範先生正

八九

痴顽

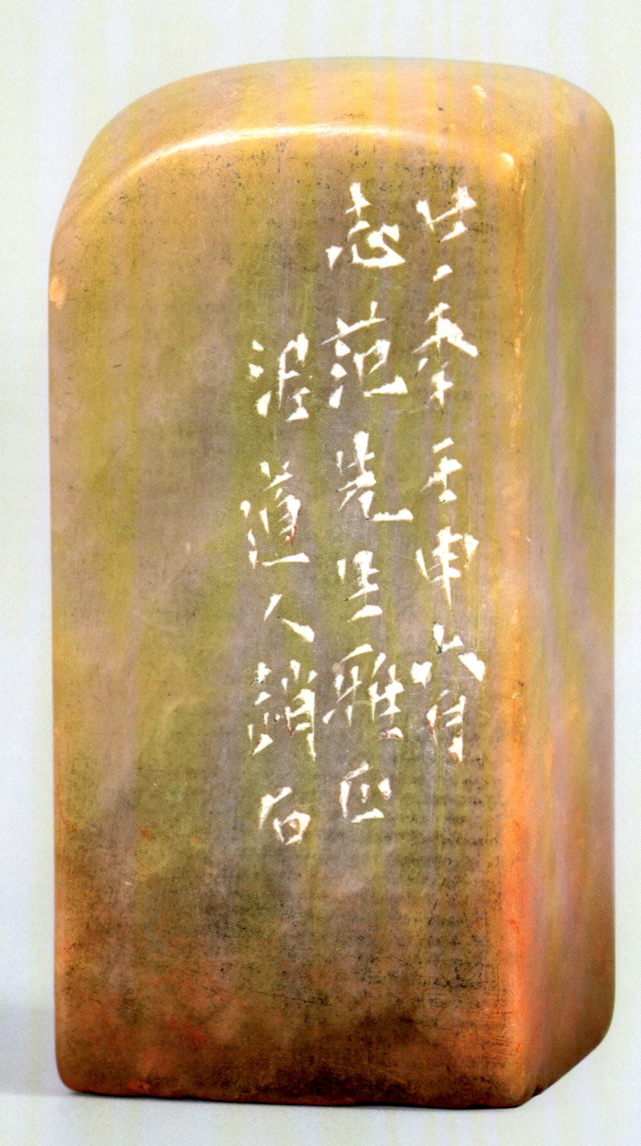
廿一年壬申六月
志范先生雅正
泥道人趙石

九〇

褒扬硕学

九一

赵石私印　古泥

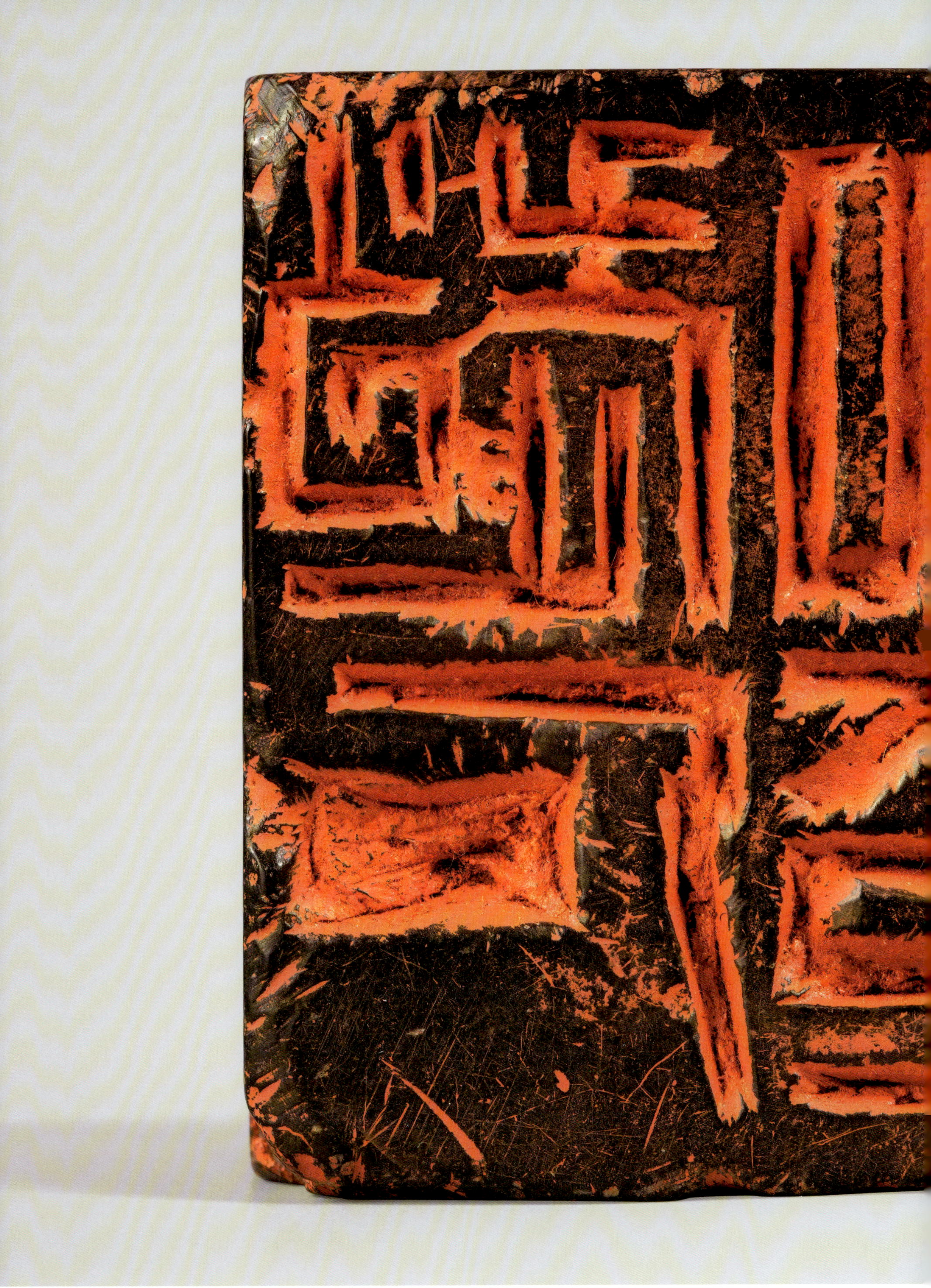

九二

师逸

九三

古泥　赵石

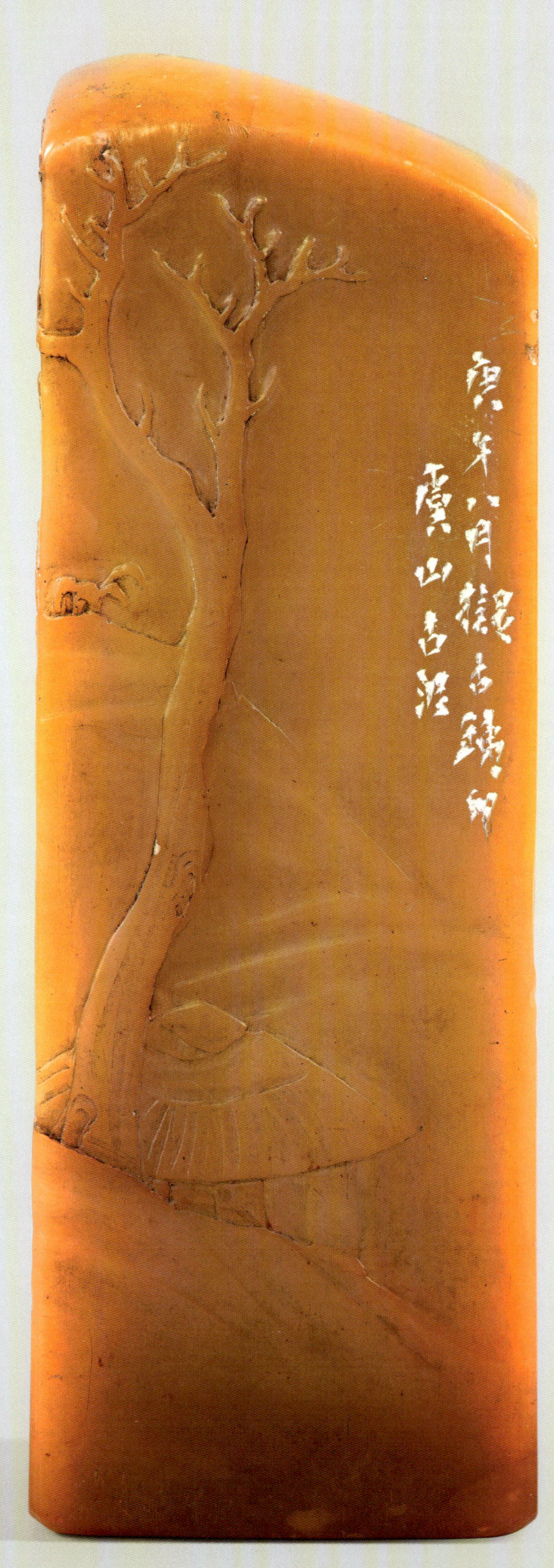
庚午八月擬古鑄印
賓山古澄

九四

王师子

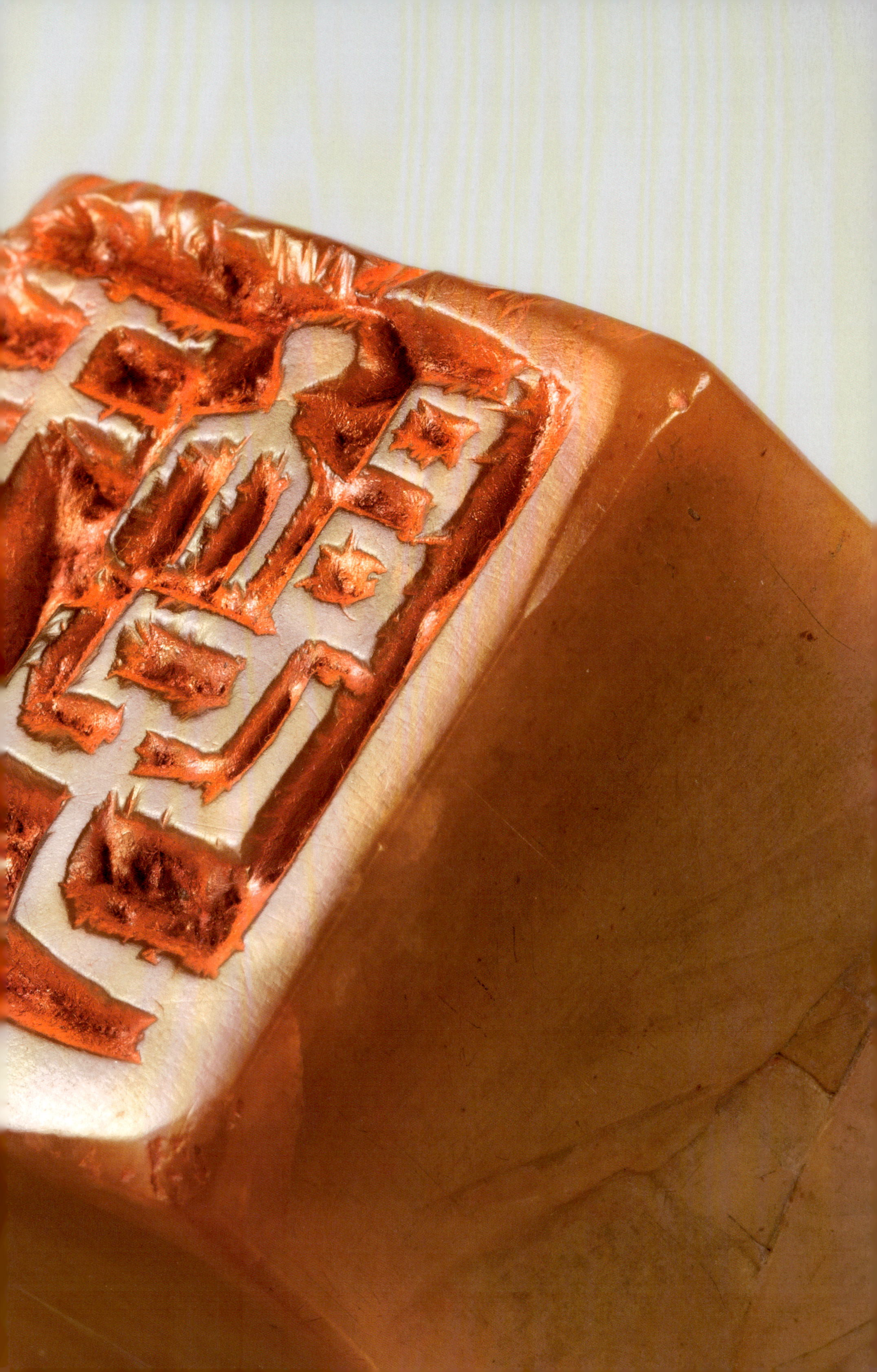

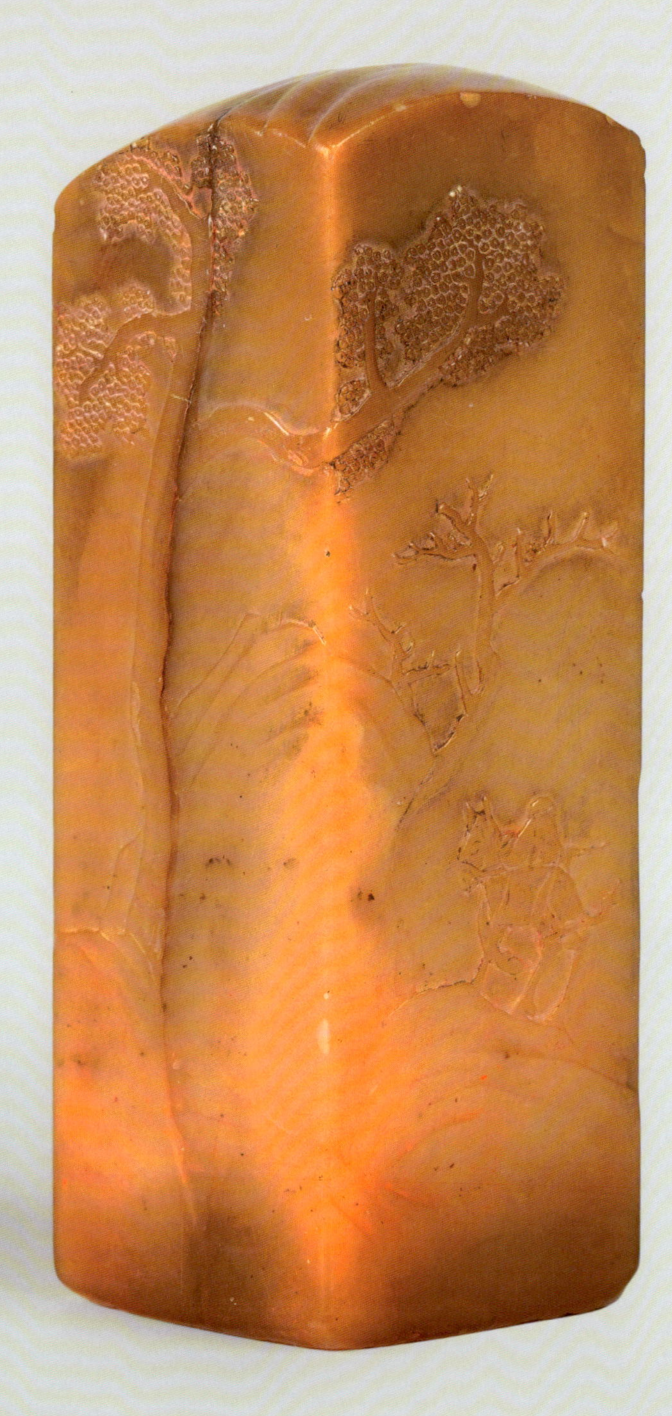

九五

前身画师

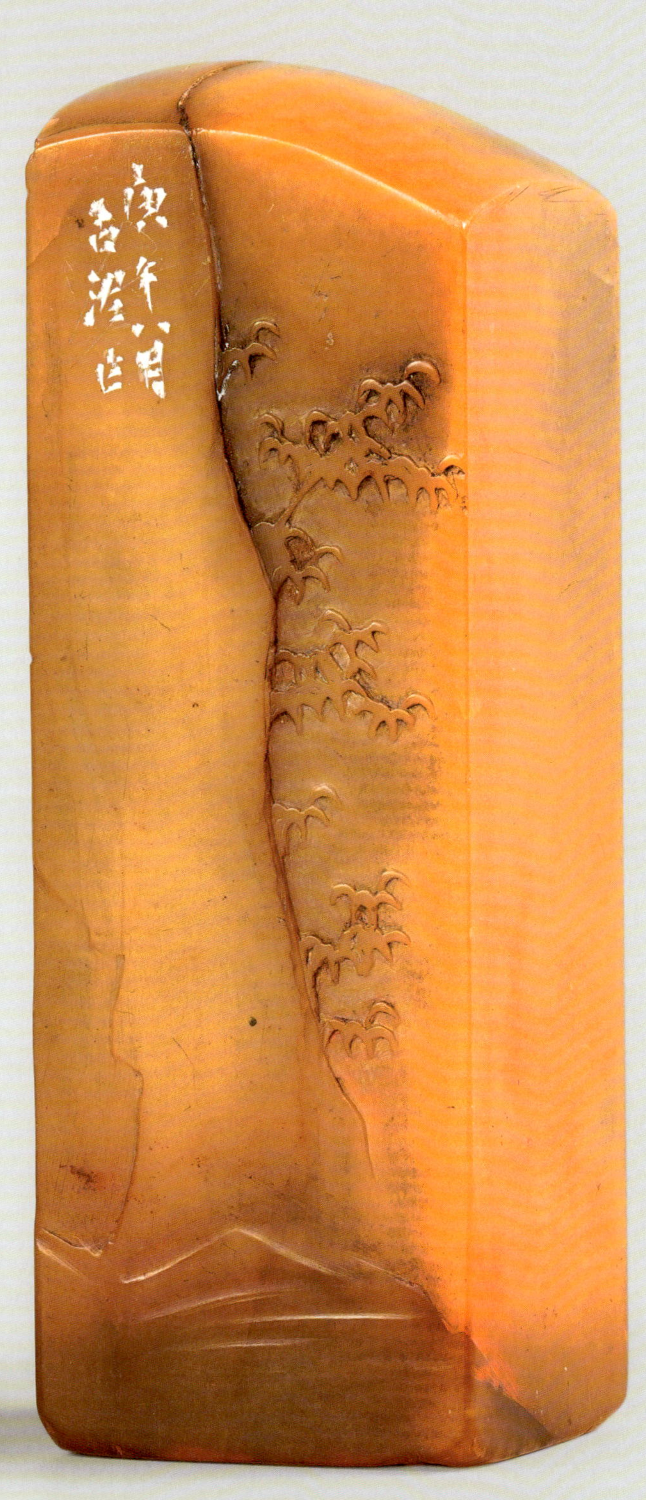
庚午八月

庚午八月擬古鑄印

九六

吴华馨印

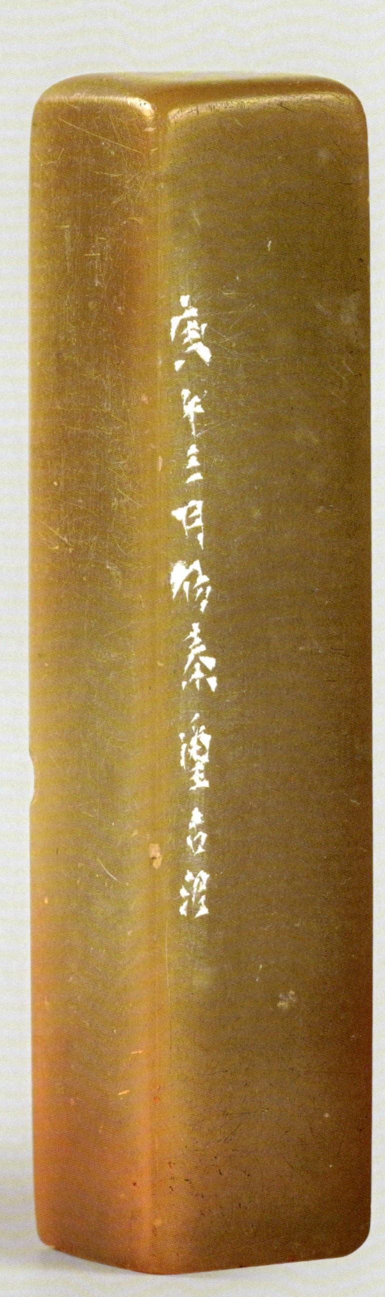

九七

似兰

庚午二月古泥仿漢

九八

似兰书画

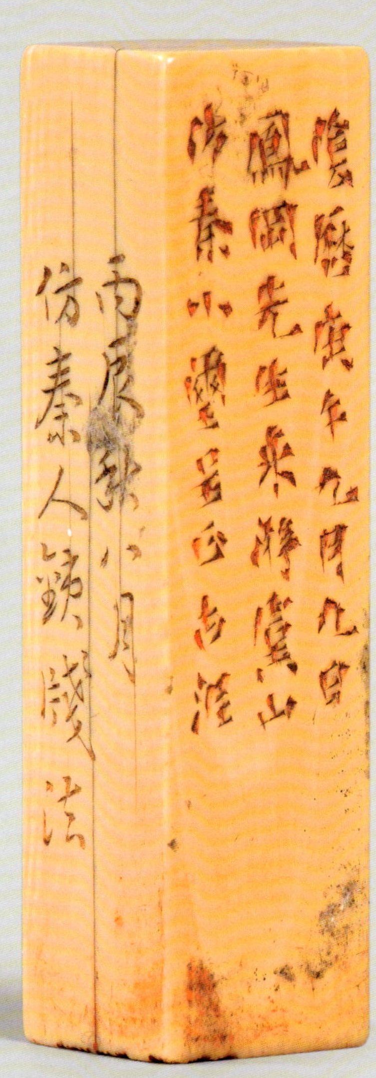

九九

凤冈

二十年
辛未
八月

一〇〇

宝牍楼

一〇一

佛心

一〇二　朴盦

一〇三

文

一〇四

净照楼

一〇五

赵石

一〇六

眷云轩

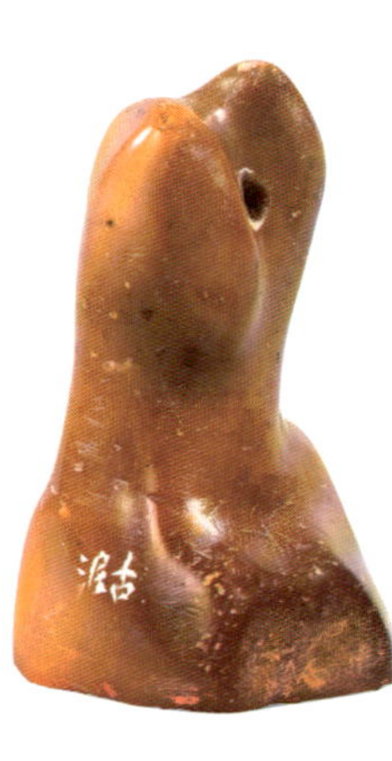

古泥

一〇七

王性之

一〇八

八十老人

一〇九　遁今

一一〇

绿天主人

一一一

花好月圆人寿

一一二

岁寒草堂

古泥

一一三

鹤父

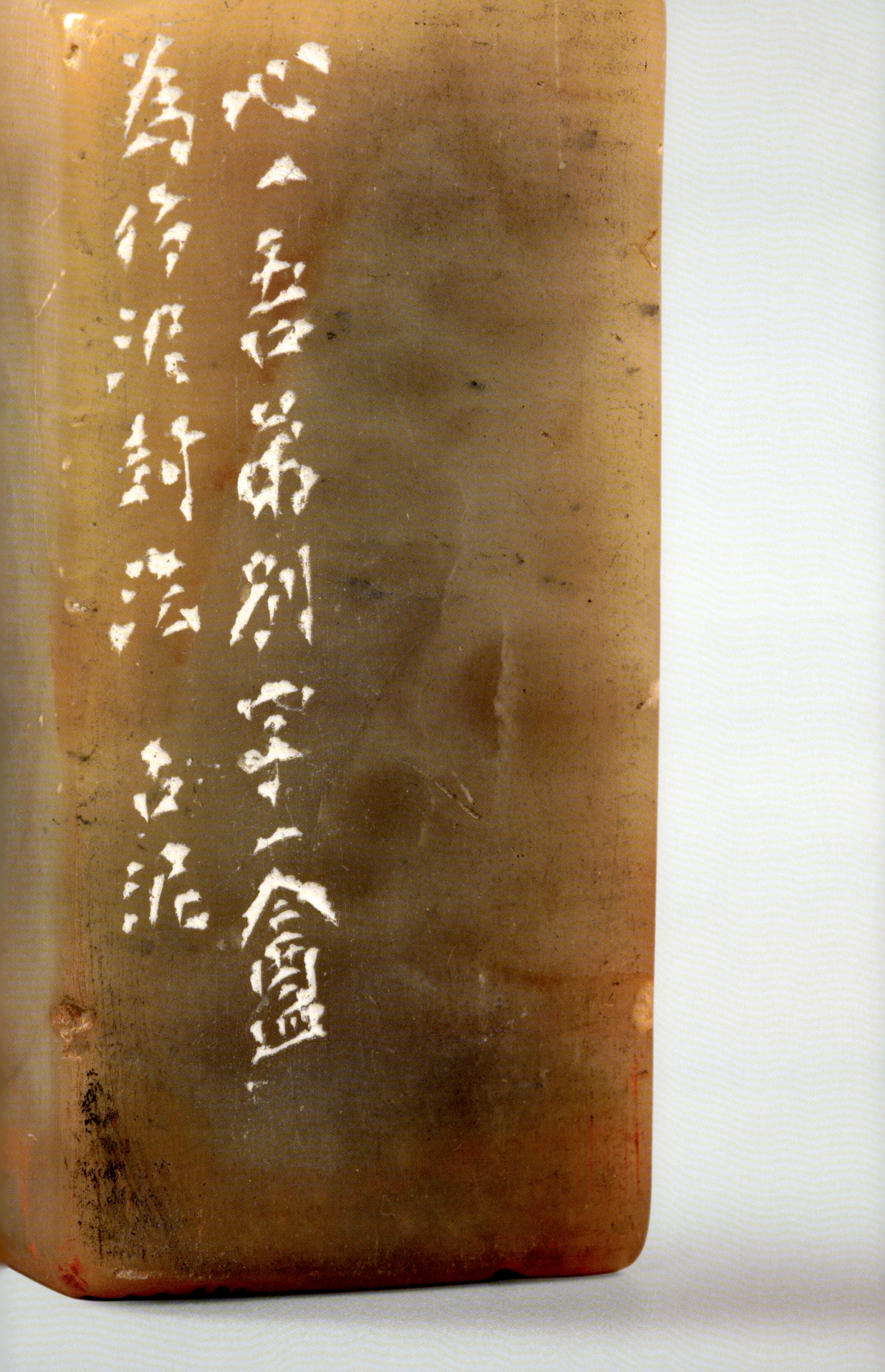
心香常别字一盦
古泥

一一四

印暗

一一五

春蚓秋蛇

一一六

知白

石（佳）

一一七

灵谿填词

一一八

印缘

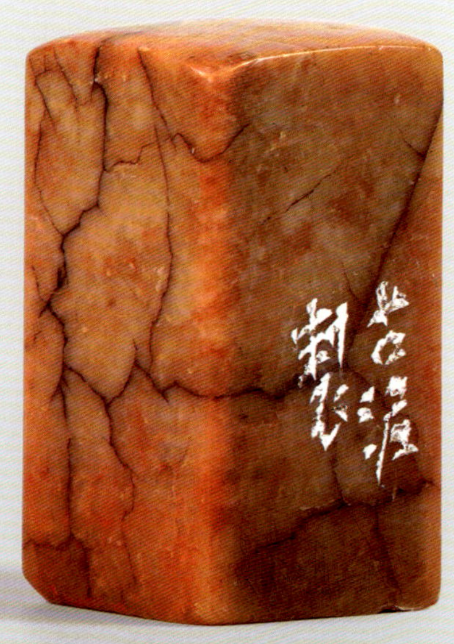

一一九

遇庐

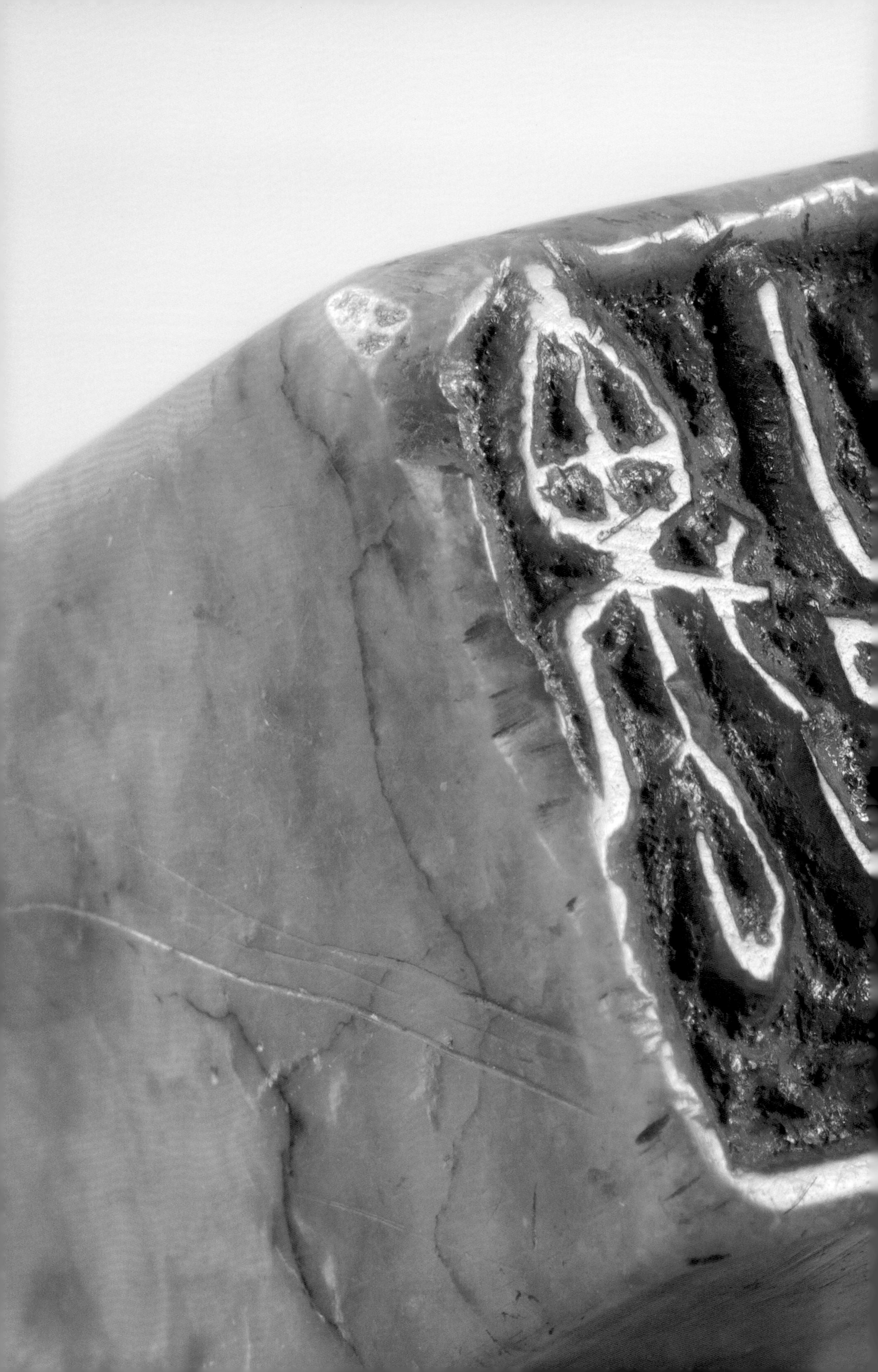

一三〇

慧业盦

漢銅器字多挺秀古雅仿之

一三一

为善

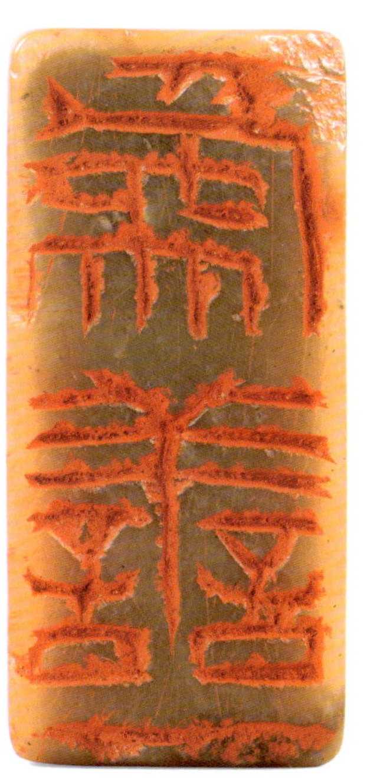

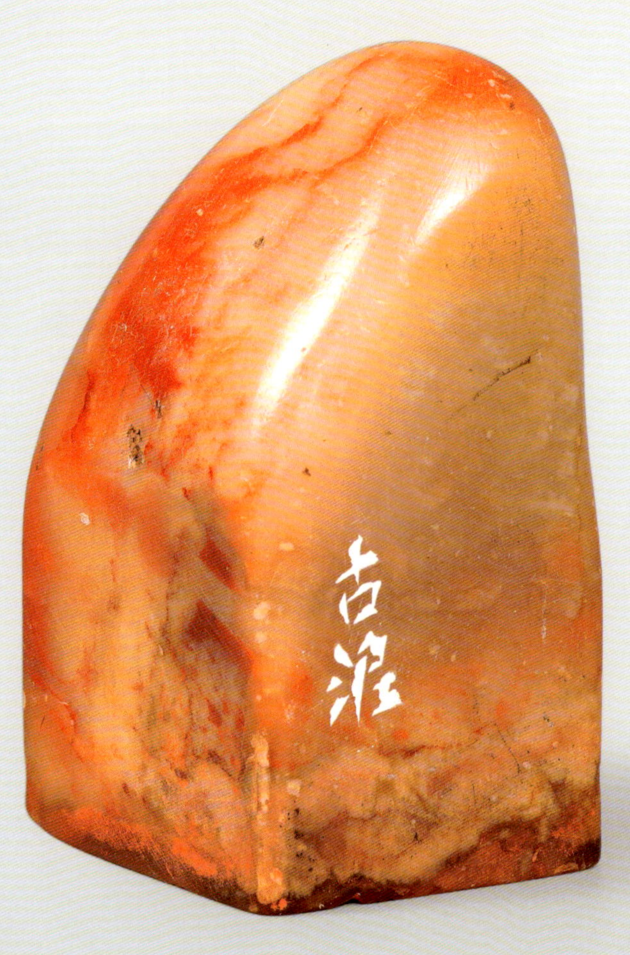
古泥

一二三

郁仓阁

漢鑿
印無
有轉
者

一二三

养愚

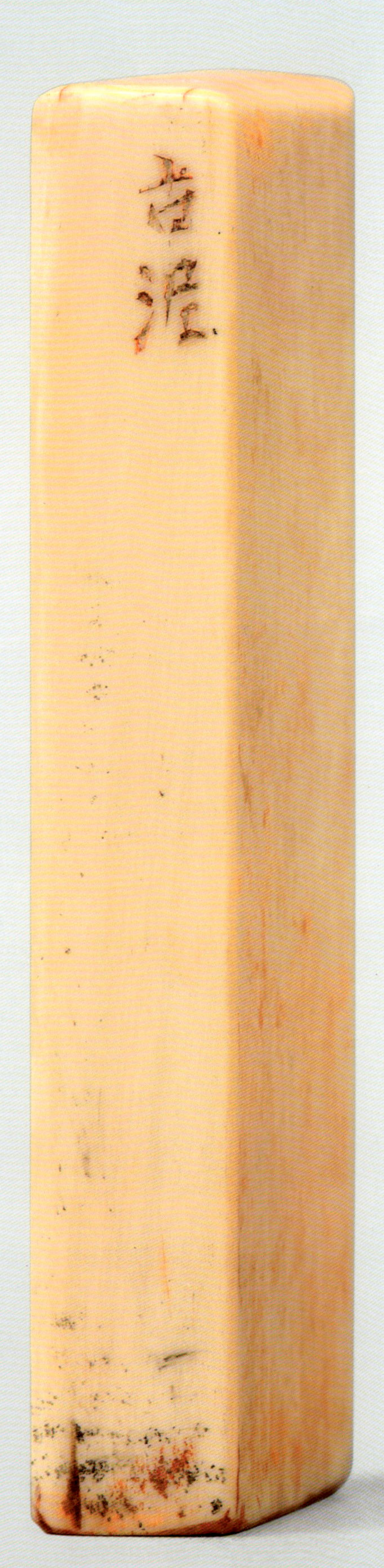

一二四

王押

一二五

际盦

一二六

斗闲

一二七

逍遥

消
遥

一二八

古泥审定

一二九

古泥

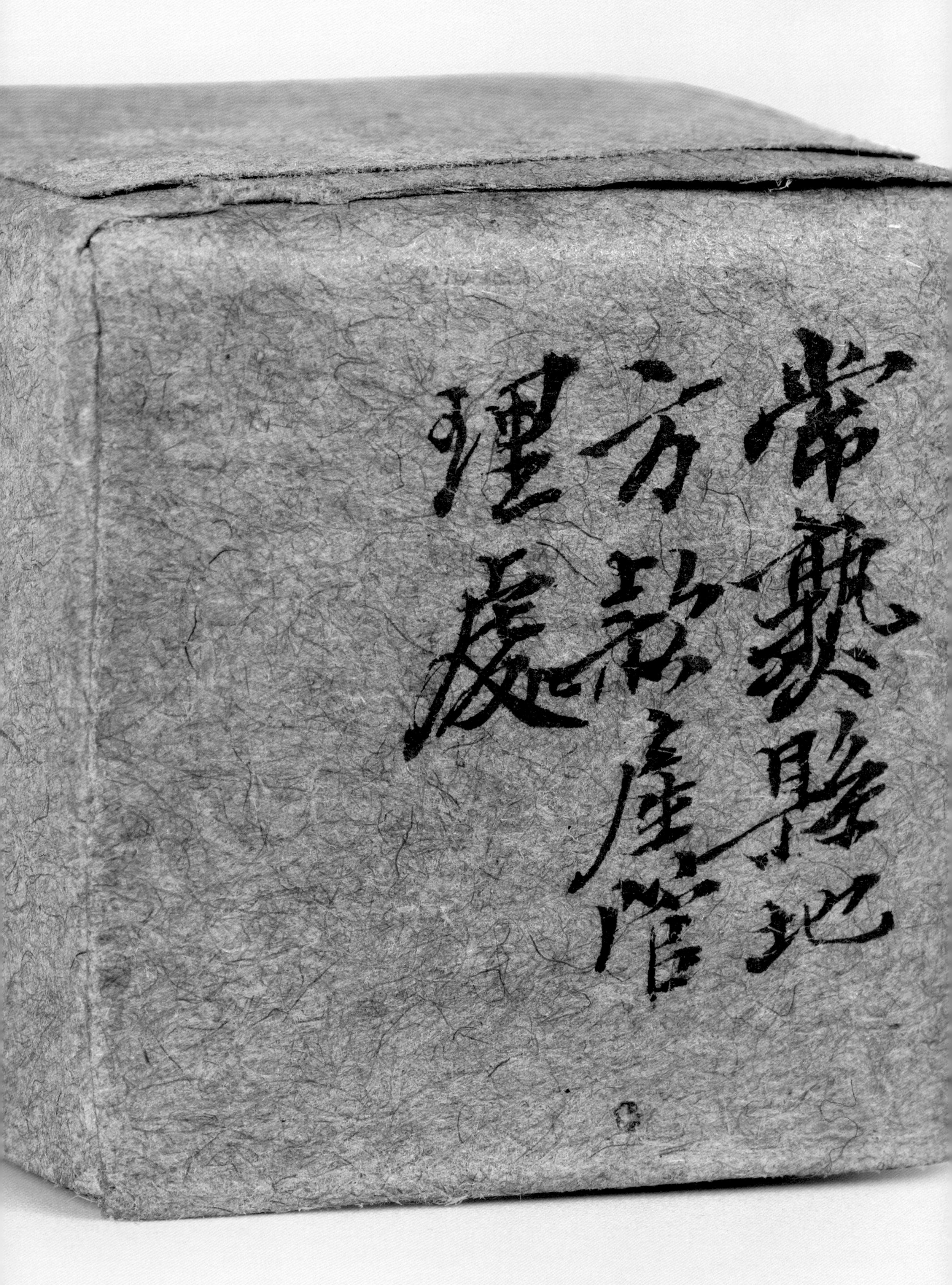
常熟縣地方款產管理處

一三〇

常熟县地方款产管理处

一三一

粟庐

一三一

石庐近况

一三三

瀛丞

一三四

愚公亭长

一三五

赵古泥　赵石农

一三六

翁　瓶生

一三七

松禅居士　天放闲人

一三八

翁同龢印　叔平

后记

梁章凯

三年多筹备整理，《虞山印宗——尚古书屋辑藏赵古泥印存》终得以付梓。掩卷覃思，我与赵古泥印存的缘分要回溯至二十年前。于此，不得不提及篆刻界的风云人物王哲言先生。王哲言先生师承庞士龙，后拜黄葆戉为师，同赵古泥、关良、陈巨来、来楚生等大家皆有往来，师出有名，更对旧拓善本、书画篆刻钟爱有加，悉心珍藏。二十世纪七十年代在上海印界颇有名气，晚年定居苏州，于印界亦是无人不晓。二〇〇三年，先生驾鹤西去享年九十六，承蒙王哲言先生家属的信任，这批数量丰富且品质上乘的赵古泥篆刻作品便与我结缘。白驹过隙，斗转星移，此情此境仿若昨日。

本书所含赵古泥篆刻一百三十八方，包含赵古泥自用印及其为近代诸名家如萧退庵、沈石友、翁同龢等人所刻印，内蕴丰厚，风格变幻，材质多样，是赵氏存世篆刻作品中最具规模且最成体系的一组作品。纵观过往，因资料匮乏，关于赵古泥篆刻的展览及研究均难成体系。基于此，我以收藏的这批印章为基础，并参考多种版本赵氏印谱与生平资料，历时三年多，将这批藏品依创作年代之先后加以整理，编成《虞山印宗——尚古书屋辑藏赵古泥印存》，并交由西泠印社出版社出版。祈盼藉此对于研究赵古泥的篆刻艺术、生平交往以及虞山印派印风的形成脉络提供学术参考，也为今人全面认识赵古泥及其风格流变，提供一份可靠且相对翔实的实物资料。

本书的出版初衷，我内心纯粹且充满敬意，更希望以此求教诸位方家。

本书在整理过程中，受到多位专家学者的支持和关注。在此，感谢西泠印社出版社；感谢为本书作序的陈振濂先生；感谢杜志强先生、张炜羽先生、朱琪先生对赵古泥篆刻艺术的潜心研究及专业评论；感谢吴子健先生、乔中石先生、徐清先生等对编撰提供了诸多宝贵而有益的建议。我相信，这对篆刻文化的继承发展与推广普及，也将有所助益，传统篆刻文化应在新时代绽放出崭新的光芒！

二〇二三年三月十五日于福州乌山

图书在版编目(CIP)数据

虞山印宗：尚古书屋辑藏赵古泥印存 / 梁章凯编著. —杭州：西泠印社出版社，2023.4
（尚古金石书画丛刊）
ISBN 978-7-5508-4077-5

Ⅰ. ①虞… Ⅱ. ①梁… Ⅲ. ①古印（考古）—收藏—中国—图集 Ⅳ. ①G262.1-64

中国国家版本馆CIP数据核字(2023)第047210号

尚古金石书画丛刊

虞山印宗——尚古书屋辑藏赵古泥印存

梁章凯 编著

出品人 江吟
封面题签 陈振濂
责任编辑 来晓平 徐清 傅雁馨
责任出版 冯斌强
责任校对 刘玉立
艺术摄影 程世达
装帧设计 蔡旭荣 齐照静
出版发行 西泠印社出版社
（杭州市西湖文化广场三十二号五楼 邮政编码 三一〇〇一四）
经销 全国新华书店
制版 杭州掌境文化创意有限责任公司
印刷 杭州捷派印务有限公司
开本 八八九毫米乘一一九四毫米 十六开
字数 一七〇千
印张 三十四
印数 〇〇〇一—一〇〇〇
书号 ISBN 978-7-5508-4077-5
版次 二〇二三年四月第一版 第一次印刷
定价 五百八十元（全二册）

西泠印社出版社发行部联系方式：（〇五七一）八七二四三〇七九